Inken Weiand
Das fängt ja gut an

Inken Weiand

Das fängt ja gut an

Kindergeschichten für jeden Tag im Advent

mediaKern

Bibliografische Information der Deutschen Nationalbibliothek
Die Deutsche Nationalbibliothek verzeichnet diese Publikation in der Deutschen Nationalbibliografie; detaillierte bibliografische Daten sind im Internet über http://dnb.d-nb.de abrufbar.

ISBN 978-3-8429-2604-2

Bestell-Nr. 512 2604

Umschlagbilder: U1: © Noam/Fotolia; U1 Sterne: © electriceye/ Fotolia; U1 & U4 Hintergrund: © HLPhoto/Fotolia
Umschlaggestaltung, Layout, Satz: Ch. Karádi
Lektorat: Dr. Ulrich Parlow
Druck: BasseDruck GmbH, Hagen
Printed in the EU 2011

www.media-kern.de

Inhalt

(Eine volle Buchseite entspricht etwa einer Minute Vorlesedauer. Die Vorlesedauer der meisten Geschichten beträgt zwischen drei und sechs Minuten.)

Vorwort

Dies ist die Geschichte von Caros Advent. Caro ist zehn Jahre alt. Sie liebt Tiere jeder Art, besonders Hunde. Sie liebt ihren kleinen Bruder Sven und ihre beiden Eltern – ja, obwohl die sich manchmal ziemlich zanken.

Caros Bruder Sven ist sechs Jahre alt. Er ist ein begeisterter Fußballspieler, wenn er auch nie im Verein spielen durfte. Und er geht jetzt seit einem halben Jahr zur Schule.

In dem Advent, von dem ich erzähle, haben die Eltern sich so gestritten, dass Caros Mutter wütend ihre beiden Kinder und zwei Koffer nimmt und mit ihnen zu ihren eigenen Eltern fährt. Und erklärt, sie werde nie wieder nach Hause zurückkehren.

Das ist nun wahrhaftig kein schöner Anfang für einen Advent. Da sind sich Caro und Sven ziemlich einig.

Wie die Kinder mit der schwierigen Situation fertig werden, was sie bei den Großeltern erleben, wie Caro einen Weihnachtsengel kennenlernt und wie am Ende noch alles wieder gut wird – das will ich euch hier erzählen.

27. November

Es ist Sonntag. Und es ist der erste Advent. Caro und Sven haben sich auf diesen Tag gefreut. Klar, vor allem natürlich auf Weihnachten, aber eben auch auf die erwartungsvolle Zeit vor dem großen Fest. Sven hat die Tage gezählt bis zu ihrem Beginn. Er geht ins erste Schuljahr, da tut man so etwas noch.

Caro ist schon viel größer, sie ist im vierten Schuljahr. Trotzdem hat sie bereits in der vergangenen Woche den Karton mit dem Adventsschmuck für das Kinderzimmer herausgeholt, mit dem Hundefensterbild und dem Schneemannfensterbild und den Adventskalendern und der Girlande.

Das Schneemannfensterbild mag sie besonders. Nicht, dass im Advent immer Schnee liegen würde – aber es ist einfach so schön weihnachtlich, findet sie.

Doch nun liegt das Schneemannbild im Kinderzimmer, irgendwo auf dem Fußboden unter einem Wäschestapel vermutlich, vielleicht auch im Müll.

Mutti und Vati haben sich gestern Abend ganz furchtbar gestritten, wieder einmal. Sven ist zu Caro ins Bett gekrochen und dann haben sich beide die Ohren zugehalten. Damit sie das Ganze nicht hören müssten. Und sie haben gewartet und gehofft, dass der Streit aufhören würde.

Diesmal hat er aber nicht aufgehört. Zumindest hat er anders aufgehört als sonst.

Ganz plötzlich nämlich stürzte Mutti ins Zimmer, knipste das Licht an und holte die Kinder aus dem Bett. »Zieht euch an!«, zischte sie.

Verwundert kamen die Kinder ihrer Aufforderung nach. Währenddessen rannte Mutti fort und kam dann mit zwei

Koffern wieder, riss den Kleiderschrank auf, holte die ganzen Anziehsachen der Kinder heraus und fing an, die Koffer damit vollzustopfen.

Als Caro fertig angezogen war, sagte Mutti, sie solle weiterpacken.

Und Caro packte. Mutti rannte hinaus und begann, im Schlafzimmer zu wühlen.

»Wo ist Vati?«, stammelte Sven, der bis dahin mit großen Augen zugesehen hatte.

»Ich glaube, weggegangen«, murmelte Caro.

Sie begriff immer noch nicht, was da vor sich ging. Aber so viel war klar: Das, was ihr an Büchern oder Spielsachen wirklich wertvoll war, musste sie jetzt in diesem einen Koffer unterbringen.

Caro packte also in aller Eile ihre Lieblingsbücher, die alte Puppe Hildegard, das Freundschaftsbuch und ihre Stickersammlung in den Koffer.

Ihr Blick fiel auf Sven, der immer noch regungslos dastand.

»Zieh dich an«, sagte sie leise, aber bestimmt. Und dann: »Wo sind deine Lieblingsautos?«

Sven wies in die Ecke, in der seine Autos der Reihe nach in einer großen Schlange geparkt waren.

Caro stöhnte. Mit denen würde der Koffer mehr oder weniger voll sein! Dennoch packte sie Hände voller Autos ein und schließlich noch Svens Schaf mit den angekauten Ohren. Ohne das würde der Bruder nicht einschlafen können.

Caro hörte, wie Türen geknallt wurden. Gleich darauf näherten sich Mutters Schritte im Flur, und noch bevor sie im Zimmer war, fragte sie: »Seid ihr so weit?« Ihre Stimme klang schrill.

»Ja, ja«, rief Caro und legte sorgfältig ihren weiten Faltenrock über die ganzen Spielsachen im Koffer. Sie hatte das Ding nie gemocht, aber für diesen Zweck eignete es sich hervorragend.

Mutti steckte den Kopf zur Tür herein, nickte halbwegs zufrieden, als sie Caro den Koffer schließen sah, und trieb Sven zur Eile an.

Während Sven sich jetzt endlich doch ankleidete, warf Caro wahllos Anziehsachen in den zweiten Koffer: Svens Nachtanzüge, ihre eigenen Shirts, Unterwäsche, Svens Jeanshosen. Bis der Koffer voll war. Dann schloss sie ihn ebenfalls.

Mutti kam ins Kinderzimmer, schnappte sich die beiden Koffer und rannte damit zum Auto. »Wir müssen uns beeilen!« Dann scheuchte sie die Kinder ebenfalls ins Auto.

»Ohne Schuhe?«, fragte Caro kläglich.

Sie zogen sich tatsächlich noch Schuhe und Jacke über. Caro schnappte ihren Hasen und Svens Bären und dann ging es los. Mit dem Auto.

Auf die Autobahn, immer weiter. Irgendwann schlief Caro ein.

Und jetzt ist der erste Advent. Sonntag, der erste Advent. Caro sitzt im Auto, neben ihr der sanft schnarchende Sven. Sein Kopf ist zur Seite gegen das Fenster gerutscht.

Vorne sitzt Mutti. Ihre Miene ist grimmig, immer noch. Mit zusammengekniffenen Augen sieht sie durch die Windschutzscheibe, blinkt, schaltet, lenkt.

Caro wagt es nicht, sie anzusprechen. Sie sieht sich die Schilder an. Auf der Autobahn fahren sie. Offensichtlich nach Süddeutschland. Vielleicht zu den Großeltern.

Caro ist beunruhigt. Was Mutti wohl vorhat? Morgen ist

doch Schule – man kann doch jetzt nicht einfach in Urlaub fahren!

Caro hat Hunger und Durst. Außerdem muss sie mal auf die Toilette. Eine Weile versucht sie, es zu unterdrücken. Aber dann geht es nicht mehr.

»Mutti, ich muss mal«, klagt sie.

Mutti sagt nichts, doch nach einer Weile hält sie an einer Raststätte.

Verschlafen öffnet Sven die Augen. Verwundert sieht er sich um. »Wo sind wir?«

»Frag nicht«, flüstert Caro.

Wenig später sitzen die beiden Kinder in der Autobahnraststätte am Tisch und warten auf die Mutter. Die steht in einer Schlange vor der Theke und versucht, ein Frühstück zu organisieren.

Caro sieht sich um. Direkt neben ihr steht eine dicke Nikolausfigur, die sich ab und zu ruckhaft bewegt und dabei ein tiefes, blechernes »Hohoho« ausstößt. An den Fenstern sind Lichterketten angebracht und um die Kuchentheke ist eine Girlande aus künstlichen Weihnachtssternen gewunden.

Ach ja, heute ist ja der erste Advent ...

»Toll«, murmelt Caro. »Das fängt ja gut an.«

28. November

Es ist Montag. Als Caro morgens aufwacht, weiß sie zunächst überhaupt nicht, wo sie eigentlich ist. Sie liegt in einem ziemlich kahlen Zimmer in einem fremden Bett. Eine gehäkelte Gardine hängt vor dem Fenster und bauscht sich leise im Wind.

Caro steht auf und späht durch die Gardine hinaus. Von hier aus sieht sie die Berge. Klar, sie ist bei Oma und Opa in den Bergen. Aber nicht auf Urlaub – sondern um hier zu wohnen!

Dann kommt es ihr wieder: Dieser entsetzliche Streit von Mutti und Vati vorgestern Abend …

Unten hört Caro die Oma in der Küche wirtschaften.

Caro zieht sich an. Hausschuhe hat sie keine mitgenommen, das hat sie in der Eile vergessen. Also zieht Caro die Straßenschuhe an. Dann läuft sie hinunter in die Küche.

Dort sitzt Mutti mit Opa zusammen am Tisch, während Oma Kaffee kocht.

Caro bleibt in der Tür stehen. Die Erwachsenen unterhalten sich so ernst. »Bist du dir wirklich sicher?«, fragt Opa.

»Ihr seid natürlich willkommen hier«, sagt Oma. »Ob nun für lang oder kurz.«

»Ich werde heute die Kinder an der Schule anmelden«, erklärt Mutti. »Und danach beginnen, mir eine Arbeitsstelle in der Nähe zu suchen.«

Sie sieht auf und erblickt Caro. »Komm herein, dann kannst du frühstücken«, sagt sie und versucht zu lächeln.

Caro setzt sich neben Opa. Sofort kommt Barney, der Hund der Großeltern, schwanzwedelnd herbei und legt sich unter Caros Sitzplatz. Oma stellt ihr das Geschirr hin.

»Heute geht alles ein wenig durcheinander«, meint sie entschuldigend. »Wir müssen erst noch einkaufen.«

»Zum Beispiel Hausschuhe«, murmelt Caro. Und nach einer Pause: »Gehen wir jetzt hier in die Schule?«

Ja, tatsächlich, genau das veranlasst Mutti nach dem Frühstück. Sie telefoniert mit der Schulleiterin der alten Schule, dann mit Herrn Winkler, dem Schulleiter der neuen Schule. Und mitten am Vormittag fährt sie mit den Kindern los. Zur örtlichen Grundschule.

Neugierig sehen sich Sven und Caro um. Die Schule ist ein moderner Bau mit einer bunten Wandbemalung. Die Fenster sind mit Tannenzweigen und Fensterbildern geschmückt. Ach ja, es ist ja Advent …

Kein schöner Advent, wenn man es sich so überlegt!

Die Tatsache allerdings, dass sie die Schule wechseln soll, findet Caro nicht allzu schrecklich. Ihre beste Freundin Melanie ist vor ein paar Monaten umgezogen und fehlt ihr sehr. Vor allem im Unterricht. Vielleicht findet Caro hier eine neue beste Freundin!

Sven entdeckt sofort eine Gruppe von Jungen, die Fußball spielen. Das ist genau das Richtige für ihn! Als der Ball vom Feld rollt, kickt er ihn geschickt zurück. »Hey, spielst du mit?«, fragt einer der Jungen.

Sven nickt begeistert. Und Caro und Mutti haben alle Mühe, ihn wieder loszueisen. Nun, immerhin scheint er für die nächsten großen Pausen eine Beschäftigung gefunden zu haben!

29. November

Am nächsten Morgen findet für Caro und Sven der erste richtige Schultag an der neuen Schule statt.

Und da müssen sie natürlich feststellen, dass hier alles Mögliche ganz anders läuft als an ihrer alten Schule.

Morgens gibt es hier zum Beispiel ein Schulgebet. Alle Schüler stellen sich im Treppenhaus auf. Der Schulleiter spricht ein paar Worte, und einige Schüler tragen Gebete vor. Dann wird ein Adventslied gesungen und anschließend begeben sich die Schüler in ihre Klassenräume.

Etwas verloren bleibt Caro im Eingang ihres neuen Klassenraums stehen. Was soll sie jetzt tun?

Doch Frau Schreiber, ihre Klassenlehrerin, winkt Caro ans Lehrerpult. »Jetzt werden wir erst einmal deinen Wissensstand überprüfen«, meint sie.

Wie alle anderen hier spricht sie ganz anders als Caro und ihre Freunde zu Hause.

Trotzdem macht Caro natürlich die Testaufgaben. Und anscheinend war ihre alte Schule gar nicht so schlecht, denn in Englisch und Mathematik schneidet Caro ziemlich gut ab. In Deutsch ist sie noch nicht so weit wie die Schüler hier. Sofort gibt Frau Schreiber den anderen Kindern eine Arbeit und erklärt Caro, was sie in letzter Zeit durchgenommen haben. Dann gibt sie Caro eine Aufgabe dazu. Die überlegt. Dann löst sie die Aufgabe.

»Gut«, sagt Frau Schreiber zufrieden. »Ich denke, du wirst keine großen Probleme haben hier.« Sie sieht sich suchend um. »Wo haben wir denn noch ein Plätzchen für dich?«

Ein Mädchen zeigt auf. »Ich könnte nach hinten gehen. Dann hat die Neue Platz hier vorne.«

Frau Schreiber runzelt die Stirn. »Liebe Mia, die Neue heißt Caro. Caro Bayer. Willst du immer ›die Alte‹ genannt werden?«

Die Klasse kichert.

Frau Schreiber sieht etwas unschlüssig drein. »Und außerdem … Ach was, wir probieren es einfach aus.«

Und so zieht Caro in die erste Reihe.

Im Unterricht kommt sie ganz gut mit, wenngleich ein Witzbold hinter ihr die ganze Zeit über versucht, ihre Aussprache nachzuahmen.

Aber vor der Pause graut es Caro. In der Pause werden alle sehen, was Oma ihr als Pausenbrot mitgegeben hat. Oma ist unheimlich lieb, und Caro mag auch gerade ihre Koch- und Backkünste. Aber selbst gebackene Müsliriegel in die Schule mitzunehmen, dazu noch Möhrenstücke und Gurkenscheiben, das kommt ihr doch gar zu seltsam vor. Alle Kinder werden Butterbrote dabei haben – und wenn sie Glück haben, noch etwas Schokolade. Das weiß Caro ganz genau. Das ist zu Hause auch so.

Und wenn sie dann sehen, die anderen Kinder, was Caro in ihrer Dose hat, werden sie sie alle auslachen – insbesondere der Witzbold, der hinter ihr sitzt. Steffen heißt er übrigens. Caro muss unbedingt verhindern, dass jemand den Inhalt ihrer Dose sieht.

Und sie hat auch schon einen Plan, den sie sofort ausführt. Wie die anderen Kinder nimmt sie zu Beginn der Pause ihre Butterbrotdose aus dem Ranzen. Sie geht langsam hinter den anderen her auf den Schulhof.

Und da verzieht sie sich möglichst unauffällig in eine Ecke. Dort, in der Nähe des Schulgartens, den sie hier haben, in dem aber nur noch ein paar einsame Pflanzen stehen, gibt es eine Ecke, die schön abseits liegt. Hier wird sie ihre Pausenmahlzeit essen.

Caro öffnet die Dose, nimmt sich ein Möhrenstück und isst. Lecker ist das!

Da ertönt plötzlich dicht hinter ihr Steffens Stimme: »Hier hat sie sich versteckt!«

Und dann kommt beinahe die ganze Klasse angelaufen.

»Was isst du denn da?«, erkundigt sich Mia gedehnt.

Caro errötet. Jetzt ist es zu spät. Jetzt muss sie mit Anstand aus der Sache herauskommen.

»Das sind Müsliriegel nach Omas Spezialrezept«, erklärt sie also möglichst würdevoll. »Und dazu Möhren und Gurken.«

»Müsliriegel? Lass man probieren!« Und ehe Caro antworten kann, hat sich Steffen einen geschnappt und bricht ein Stück davon ab. »Boah! Das ist ja voll lecker!«

Mit einem Mal wollen alle Kinder probieren. Caro weiß gar nicht, wie ihr geschieht, ganz plötzlich ist sie ihr Pausenfrühstück losgeworden.

»Hey, und was soll ich essen?«, ruft sie.

»Ich geb dir was ab!«

»Nein, ich!«

Und kurz darauf hat Caro doch tatsächlich ein halbes Brötchen, einen Schokoriegel und eine Mandarine in ihrer Dose. Das muss sie Oma erzählen!

Wo ist eigentlich Sven geblieben? Ob er sich einsam fühlt in der neuen Schule? Caro sieht sich um.

Ach nein, um den kleinen Bruder braucht sie sich keine Sorgen zu machen. Der spielt Fußball. Gerade schießt er mit geröteten Wangen und viel Schwung den Ball ins Tor.

30. November

Heute ist der 30. November. Es ist schon Advent. Und doch kommt er Caro vor wie ein ganz dummer, ziemlich blöder Mittwoch.

Ja, das muss sie zugeben, die Schule ist nicht so schlimm, wie sie es befürchtet hat. Ihre Mitschüler sind eigentlich ganz nett. Das Dumme ist nur, dass alle Mädchen schon eine feste beste Freundin haben. Aber ansonsten sind sie wirklich ganz nett – außer Mia vielleicht, die immer wieder einmal über Caros Aussprache lästert. Doch, die Schule ist fast eine Verbesserung gegenüber Zuhause. Lustig ist zum Beispiel auch immer die Butterbrottauscherei …

Aber der Rest! Natürlich sind Oma und Opa nett – das wusste Caro ja schon. Doch sie sind eben nicht Vati. Und Caro wünscht sich nun einmal ihren Vati herbei. Warum mussten sich nur die Eltern so furchtbar streiten? Ihren Kindern sagen sie immer, sie sollen sich vertragen …

Und so erklärt Caro Oma, warum der Advent hier nicht halb so schön ist wie Zuhause. »Erstens ist Vati nicht hier«, sagt sie. »Zweitens haben wir keinen Adventskalender. Keine Schneemannfensterbilder, keinen Weihnachtsschmuck …«

»Doch, Weihnachtsschmuck haben wir«, widerspricht Oma. »Beziehungsweise Adventsschmuck. Hier in der Küche, im Flur und auch im Wohnzimmer.«

»Ja, aber zu Hause haben wir immer auch das Kinderzimmer geschmückt.«

»Ich weiß. Hier tun wir das eben nicht.«

»Ich will aber …«

»Nein, mein Schatz, hier haben wir keinen Kinderzimmerschmuck. Aber dein Zimmer sieht wirklich insgesamt ziemlich kahl aus. Das liegt daran, dass es so lange leer gestanden hat«, meint Oma. »Da werden wir noch viel tun müssen, damit es richtig gemütlich wird. Sieh mal. Ich werde dir Vorhänge nähen. Möchtest du lieber diesen karierten Stoff oder den blauen?«

Caro überlegt. Eigentlich ist der blaue Stoff hübscher. Aber zu ihrem Zimmer hier, mit den Holzmöbeln und dem Blick auf die Berge, passt wohl der karierte besser.

»Den karierten«, sagt sie.

Oma nickt. »Der ist auch viel hübscher.«

Abends aber hat Oma noch eine Überraschung für Caro. Sie kramt lange in ihren Schränken, dann holt sie eine Engelsfigur hervor aus Holz, mit teilweise schon etwas abgeblätterter Farbe. »Guck mal, Caro«, sagt Oma. »Damit kannst du dein Zimmer weihnachtlich schmücken.«

»Das ist nicht genug«, will Caro sagen. »Das ist ja kaum etwas. Eine einzelne Engelsfigur. Keine Girlanden, keine Fensterbilder. Nichts.«

Aber sie sagt es doch nicht. Sie will Oma nicht kränken. Und außerdem gefällt ihr der Engel.

Caro nimmt den Engel mit hoch in ihr Zimmer. In ihr neues Zimmer, wie sie im Stillen denkt. Eigentlich gefällt es ihr. Vor allem, weil es ganz ihr eigenes Zimmer ist. Zu Hause hatte sie ein Zimmer mit Sven zusammen.

Caro stellt den Engel so auf das Regal, dass sie ihn vom Bett aus sehen kann. Dann geht sie hinüber zu Sven in dessen neues Zimmer.

Es ist etwas größer als Caros, aber es hat keinen Balkon – und es ist nicht so gemütlich, findet Caro. Es ist viele Jahre über als Gästezimmer verwendet worden, und so sieht es auch aus. Einfach praktisch eingerichtet. Ein hässliches Bett, eine hässliche Kommode, ein hässlicher Schrank. Der Rest ist leer.

Sven hat auf die Kommode seine ganzen Autos gestellt, die Caro für ihn gerettet hat. Und auf seinem Bett sitzen die beiden Plüschtiere. Daneben hockt Sven und starrt trübsinnig vor sich hin.

So traurig sieht er aus, Caros kleiner Bruder!

Caro setzt sich neben ihn und legt einen Arm um seine Schulter.

Sven schweigt und seufzt.

Endlich meint er: »Glaubst du, ich habe mich nicht gut genug benommen?«

Caro weiß sofort, was ihr jüngerer Bruder meint. Sie selber hat auch schon darüber nachgedacht, ob sie eigentlich schuld ist an dem ganzen Elend. Ob die Eltern vielleicht zusammengeblieben wären, wenn sie selber weniger Ärger gemacht hätte.

Aber sie ist zu dem Schluss gekommen, dass das Quatsch ist.

Caro schüttelt den Kopf. »Nein, Sven. Das ist Blödsinn. Wir Kinder sind nicht schuld daran, wenn sich die Erwachsenen nicht vertragen. Ich nicht und du auch nicht. Aber weißt du was? Wir zwei halten ganz fest zusammen. Okay?«

Sven nickt. Er kuschelt sich an seine große Schwester. Dabei geht er doch schon in die Schule. Aber gerade jetzt kommt er Caro richtig klein und schutzbedürftig vor.

Sie sitzt da und wiegt ihren Bruder leise hin und her. Und da hat sie einen Einfall: Sie wird Sven einen Adventskalender besorgen. Wenigstens Sven soll einen haben, wenn schon sie keinen bekommt.

Direkt nach dem Abendessen beginnt sie zu basteln, denn schließlich eilt es mittlerweile mit dem Adventskalender. Zuerst malt Caro ein schönes Adventsbild auf eine Pappe, mit einem dicken, roten Nikolaus mit Bischofsmütze und einem kleinen Jungen, dem der Nikolaus einen Ball schenkt. Drumherum noch ein paar Sterne, fertig.

Später, während Mutti Sven ins Bett bringt, weiht Caro Oma in ihren Plan ein. Und dann sitzen sie zu zweit und packen kleine Schokotäfelchen ein und auch Gummibären, immer einzeln, und hängen sie allesamt unten an das Weihnachtsbild.

Nun müssen noch Zahlen daran geschrieben werden, fertig ist der Adventskalender.

»Du bist eine liebe große Schwester«, meint Oma, während sie Päckchen anknotet.

Caro freut sich über das Lob. Sie hängt den Kalender noch in den Flur, dann geht auch sie schlafen. Während sie schon im Bett liegt, denkt sie nach. Über diesen verkorksten Advent und ob sich Sven wohl über die Überraschung freut.

Nachdenklich wandert Caros Blick durch ihr Zimmer und bleibt an dem Weihnachtsengel hängen. Und da scheint es ihr doch, als lächele er ihr zu.

1. Dezember

Heute ist der erste Dezember. Sven hat gar keine Lust aufzustehen. Hier gibt es ja noch nicht einmal einen Adventskalender für ihn! Er bleibt einfach im Bett liegen.

Doch als Caro ihn weckt, da sieht sie so verschmitzt drein, dass Sven sich doch lieber schnell fertigmacht. Irgendwie kann man es den Großen immer ansehen, ob sie ein Geheimnis haben oder nicht...

Sven beeilt sich fertig zu werden. Und da hängt doch tatsächlich im Flur ein Adventskalender. Caro hat ihn gemacht, ganz eindeutig. Also ist er für Sven. Sven freut sich ganz riesig. Immer und immer wieder umarmt er seine große Schwester. Sie hält wirklich mit ihm zusammen!

Nachmittags sitzt Caro in der Küche und macht Hausaufgaben. Barney, der Hund, hat sich auf ihre Füße gelegt. Oma knetet Brotteig, knetet mit voller Kraft, und Caro sitzt daneben und rechnet.

Caro starrt in die Luft.

»Und? Hast du schon eine Freundin in deiner Klasse?«, erkundigt sich Oma.

Caro schüttelt den Kopf. So schnell wird sie auch keine Freundin finden, das ist ihr schon klar. Jedes Mädchen hat schon eine beste Freundin hier.

»Sind sie denn nicht nett zu dir?«, erkundigt sich Oma besorgt.

»Doch«, brummt Caro und wendet sich wieder ihren Matheaufgaben zu. Doch, die Mädchen sind schon nett.

»Du musst Geduld haben«, meint die Großmutter und klatscht den Teig auf den Tisch. »Vielleicht musst du nur einfach etwas warten lernen.«

»Warten, warten, warten«, knurrt Caro. »Immer soll man warten.«

Oma sieht Caro von der Seite an. »Der Advent ist eine Zeit des Wartens«, erklärt sie. »Und überhaupt gehört Warten zum Leben. Deine Mutti wartet auf das Vorstellungsgespräch bei Apotheker Adler. Ich warte darauf, dass der Brotteig fertig aufgegangen ist …«

»Trotzdem ist Warten blöd«, findet Caro.

Abends im Bett fällt ihr das Gespräch mit Oma ein. Warten. Immer nur warten.

Immerhin hat Sven nicht vergebens gewartet. Er hat sich so über den Adventskalender gefreut!

Da ist es fast gleichgültig, dass Caro keinen hat. Immerhin hat sie den Weihnachtsengel.

Caros Blick wandert zum Engel hinüber, der da im Halbdunkel auf dem Regal steht.

Und genau da geschieht etwas Seltsames: Der Engel bewegt sich. Er reckt sich ein wenig, verzieht das Gesicht, flattert ein wenig mit den Flügeln und fliegt dann los – bis zu Caros Bett, wo er sich mit einer anmutigen Bewegung auf die Bettkante setzt.

Sprachlos vor Staunen sieht Caro ihn an.

»Bist du lebendig?«, stottert sie.

Der Engel lacht. »Das musst du entscheiden«, meint er mit einer sanften Stimme, »ob ich jetzt lebendig bin oder nicht.« Er sieht sich um. »Jedenfalls können wir uns jetzt unterhalten.«

»Oh«, macht Caro. Über was redet man mit einem Engel?

»Wir können uns über das Warten unterhalten«, schlägt der Engel vor. »Über die ganze Warterei hast du dich doch vorhin so aufgeregt!«

Verlegen nickt Caro. Woher weiß der Engel das bloß?

»Wie findest du denn das Warten?«

»Blöd«, erklärt Caro. »Ständig muss man warten. Und weiß hinterher ja doch nicht, ob etwas Gutes herauskommt. Die Erwachsenen müssen nie warten! Unfair ist das! Total unfair!«

Der Engel überlegt eine Weile. Dann fragt er: »Kennst du die Geschichte von Hanna?«

Stumm schüttelt Caro den Kopf.

Da beginnt der Engel zu erzählen. »Hanna lebte vor langer Zeit. Sie hatte nicht viel Glück in ihrem Leben. Schon nach sieben Jahren Ehe starb ihr Mann, ohne dass sie Kinder gehabt hätten. Hanna war ganz alleine.«

Der Engel nickt wie zur Bestätigung. »Damals hatte man es als Witwe noch schwerer als heute. Hanna war bestimmt oft traurig oder wütend. Das kann wohl jeder verstehen. Aber Hanna tat etwas, was nicht jeder tut, wenn er sich so alleine fühlt: Sie wandte sich an Gott. Sie betete viel im Tempel, oft ganze Tage lang, und schließlich hatten die Leute das Gefühl, Hanna sei eher im Tempel zu Hause als anderswo. Darüber wurde Hanna älter und älter.«

»Und was hat das jetzt mit Warten zu tun?«, erkundigt sich Caro.

»Warte ab«, sagt der Engel und lächelt. »Ich erzähle es dir … Ich weiß nicht, wie es kam, und vielleicht wusste es Hanna selber nicht. Vielleicht nahm sie durch ihr eigenes Leid und Alleinsein die Verlassenheit ihres Volkes besonders wahr. Vielleicht betete sie daher inständig um die Ankunft des Retters. Und irgendwann, erst klein und dann immer größer, wuchs die Gewissheit in ihrem Herzen: Sie würde den Retter sehen. Ich stelle mir vor, dass Hanna sehr aufgeregt war, als ihr das klar wurde. Eine Weile stand sie jeden Tag mit klopfendem Herzen auf, weil sie gerade an dem Tag den Messias, den Retter, erwartete. Aber er kam und kam nicht. Die Jahre vergingen und Hanna wurde immer älter, aber er kam nicht.«

Der Engel schweigt einen Moment. »Ich denke mir, Hanna war oft ein wenig verzweifelt oder mutlos. Sie konnte einfach nicht mehr glauben, dass sie das, worauf sie wartete, überhaupt noch erleben würde. Sie dachte, sie habe sich eben geirrt. Manchmal aber war sie auch voller Mut und Zuversicht. Und manchmal vergaß sie einfach ihren großen Traum.«

Caro nickt gedankenvoll. »Wenn man sowieso so viel Stress hat, dann passiert es, dass man wichtige Sachen vergisst … Ist ihr Traum denn noch wahr geworden? Oder hat sie umsonst gewartet?«

»Ihr Traum ist wahr geworden. Eines Tages, als sie in den Tempel gegangen war, zog es sie zu einem der jungen Elternpaare, die ihr Kind in den Tempel brachten. Das war üblich damals, dass man für sein erstgeborenes Kind ein Paar Tauben opferte. Hanna also ging zu einem dieser Paare hin. Einen kleinen Jungen hatten die Leute. Und Hanna wusste plötzlich: Dies war der Retter!«

»Da hat sie sich sicher gefreut!«

»Ja, sie war bestimmt ganz verrückt vor Freude. Ihr langes Warten hatte sich gelohnt. Weißt du übrigens, wie die Eltern hießen?«

Caro schüttelt den Kopf.

»Maria und Josef.«

2. Dezember

Als Caro heute aufwacht, klingt alles so anders, so merkwürdig gedämpft.

Caro steht auf und sieht aus dem Fenster. Und tatsächlich: Es hat geschneit!

Das heißt: Es schneit immer noch. Leise segeln dicke, weiße Flocken durch die Luft, bis sie auf dem Boden liegen bleiben als weiße, flauschige Schicht.

Caro macht sich schnell fertig und läuft in Svens Zimmer. »Hey, Sven, aufwachen! Es schneit!«

Im Nu ist der kleine Bruder aus den Federn. »Es schneit!«, ruft er. »Hurra! Es schneit!«

Die Großmutter lacht, als sie die Begeisterung der Kinder sieht. »Das kennt ihr von zu Haus nicht so, nicht wahr?«, meint sie. »Aber hier schneit es oft schon im Dezember. Wenn ihr Glück habt, könnt ihr heute Nachmittag Schlitten fahren.«

Aber zuerst einmal müssen die beiden die Schule hinter sich bringen. Caro wird heute ermahnt, weil sie immerzu aus dem Fenster sieht. Und als die Religionslehrerin sie fragt, wofür man Gott besonders dankbar sein kann, sagt sie abwesend: »Für den Schnee.«

Svens Lehrerin erlaubt ihrer Klasse, in der letzten Stunde auf dem Schulhof im Schnee zu spielen. »Weil ihr ja ohnehin nicht mehr still sitzen könnt«, meint sie.

Caro ist schon im vierten Schuljahr. Sie muss arbeiten. Und fast befürchtet sie, der Schnee sei bis zum Mittag wieder weggetaut.

Aber die Kinder haben Glück. Es schneit weiter.

Nachmittags holt Opa einen alten Holzschlitten aus dem

Keller. »Was ist das denn für ein Teil?«, erkundigt sich Caro entsetzt. »Das hatten die Kinder ja vor hundert Jahren oder so.«

»Das ist unser Schlitten«, meint Opa. »Und der fährt besser als so mancher andere.« Er nimmt eine Speckschwarte und reibt damit die Metallschienen an den Schlittenkufen ein. Dann ziehen sich die Kinder und Opa warm an, und ab geht es zum Abhang hinter dem Haus.

Hier sind schon ziemlich viele Kinder unterwegs, zum Teil mit knallbunten Kunststoffschlitten, aber auch einige mit Holzschlitten wie Caro und Sven.

Opa stellt sich zu den anderen Erwachsenen an den Rand. Caro und Sven ziehen den großen Holzschlitten den Hang hinauf. Dann kann es losgehen.

Und es geht wirklich los – wie der Wind! Caro hätte nicht gedacht, dass dieser Holzschlitten so schnell sein könnte.

»Noch mal!«, quietscht Sven begeistert.

Und die beiden fahren wieder. Wieder und wieder.

Nach und nach entdeckt Caro auch die meisten ihrer Klassenkameraden auf der Piste.

»Machen wir ein Wettrennen?«, ruft Quatschkopf Steffen ihr zu.

Caro nickt. Sie setzt sich zu Sven auf den Schlitten und ab geht die Post.

Steffen gewinnt, aber nur ganz knapp. »Du hast echt was drauf«, meint er anerkennend.

Caro freut sich. Aus den Augenwinkeln sieht sie auf Opa, ob der auch gesehen hat, wie sie gefahren ist.

Aber nein, er unterhält sich mit ein paar Müttern mit kleinen Kindern, die am unteren Rand der Piste stehen.

Wer da übrigens noch steht, ist Benno aus Caros Klasse.

Der Junge ist ihr gleich ein wenig komisch vorgekommen. Er trägt geflickte Hosen und hat noch nie mit ihr das Frühstück getauscht. Außerdem kommt er andauernd zu spät zur Schule. Aber jetzt steht er zwischen den ganzen Frauen und starrt auf die Piste, als wolle er am liebsten auch Schlitten fahren.

Sven hat sich zu ein paar seiner Klassenkameraden abgesetzt. Caro meint, die halbe Fußballmannschaft zu erkennen, mit denen ihr Bruder heftigst herumtobt.

Also hätte sie Platz auf ihrem Schlitten …

Aber was werden die anderen Mädchen sagen? »Caro ist in Benno verliebt«?

Ach was, denkt sich Caro. Besser zu zweit als alleine. Möglichst unauffällig zieht sie den Schlitten an Benno vorbei und sagt dann lässig: »Willst du mal mitfahren?«

Benno grinst erfreut. Und allein sein Lachen macht schon, dass Caro weiß, sie hat es richtig gemacht.

Zu zweit ziehen sie den Schlitten hoch. Zu zweit fahren sie hinunter. Und weil Benno viel größer ist als Sven, gibt er dem Schlitten noch mal gewaltig Schwung. So schnell ist Caro noch nie gefahren! »He, Steffen!«, ruft sie. »Wir fahren noch mal um die Wette!«

Abends sinkt Caro müde ins Bett. Doch bevor sie einschläft, sieht sie noch einmal auf ihren Engel. Ob der heute wieder zu ihr ans Bett kommt?

Ja, tatsächlich, das tut er. Aber erst, als Mutti ihr Gute Nacht gesagt hat.

»Und? Wie ist es dir heute ergangen?«, fragt er freundlich. Und fährt dann mit einem Blick zum Fenster fort: »Es hat geschneit.«

Caro lacht. »Das habe ich auch gemerkt. Wir sind am

Nachmittag Schlitten gefahren. Mit so einem alten Schlitten.«

»Und?«

»Zuerst dachte ich, die anderen Kinder würden uns auslachen mit dem alten Ungetüm. Aber dann sind wir hinterher sogar zu viert darauf gefahren und hatten richtig viel Spaß.«

»Das ist deiner Mutter damals ähnlich gegangen«, meint der Engel sinnend.

»Was? Meiner Mutti?«

»Ja, genau. Deine Mutti und ihr Bruder hatten sich einen Schlitten zu Weihnachten gewünscht. Einen roten Plastikschlitten. Stattdessen bekamen sie Rollschuhe – und den alten Holzschlitten. Den hatte schon ihr Onkel als Kind gehabt und der hatte ihn den Eltern weitergegeben für die Kinder. Zuerst waren die beiden schrecklich enttäuscht. Sie hatten sich doch einen roten Plastikschlitten gewünscht! Aber dann zogen sie doch mit dem Schlitten los. Und er war schnell. Und man konnte zu mehreren darauf fahren. Sie hatten richtig Spaß damit. Und das Beste war natürlich, dass sie im Sommer auch noch die Rollschuhe hatten …«

3. Dezember

Heute ist Samstag. Der erste Samstag ohne Vati. Der erste Samstag bei Oma und Opa. Und der Samstag vor dem zweiten Advent.

Caro liegt morgens im Bett und ist traurig. Die letzten Tage über war sie mit der Schule beschäftigt. Und der Tausch ist gar nicht so schlecht. Sie kommt mit den Kindern gut aus. Frau Schreiber ist nett. Doch, mit dem Schulwechsel kann sie zufrieden sein.

Übrigens ist auch Sven ganz angetan von der neuen Schule. Er ist mittlerweile eine feste Größe bei den Fußballspielen, die die Jungen der unteren Klassen jede Pause auf dem Hof durchführen. Und seine Lehrerin findet er auch »total nett«. Der Schulwechsel ist es also nicht, was Caro so traurig macht.

Dann sind da Oma und Opa. Oma und Opa sind lieb, ja, wenn sie auch in manchen Dingen strenger sind als die Eltern. Aber sie sind eben auch in manchen Dingen nachgiebiger. Und lieb sind sie wirklich. Oma und Opa sind auch nicht das Problem.

Übrigens gibt es ja hier auch noch Barney, der größte Gewinn überhaupt – findet Caro. Schon immer hat sie sich einen Hund gewünscht. Und Barney ist so lieb!

Das Problem ist Vati. Vati hat in letzter Zeit oft schlechte Laune gehabt, ja. Er hatte wohl Stress auf der Arbeit. Und er hat sich viel mit Mutti gestritten. Wegen des Geldes und weil Mutti wieder arbeiten gehen wollte. Aber bestimmt auch wegen anderer Dinge.

Wenn er dann so schlecht gelaunt war, hat er oft auch die Kinder angeschrien. Und weil er viel von zu Hause aus arbeitet, hatte er auch genug Gelegenheit, die Kinder anzuschreien. Aber ganz egal, was los ist: Vati ist immer noch Caros und Svens Vati.

Caro vermisst ihn ganz entsetzlich. Was ist das für eine grauenvolle Adventszeit ohne Vati?

Missmutig steht Caro auf, geht hinunter in die Küche. Oma backt gerade Kuchen, Opa liest in der Zeitung. Von Mutti und Sven ist noch nichts zu sehen.

Seufzend holt sich Caro einen Frühstücksteller und setzt sich zu Opa.

Der sieht auf und legt die Zeitung beiseite. »Traurig?«, fragt er.

Caro nickt. Dabei sieht sie auf ihr Brot. Ganz konzentriert. Als müsse sie sich wirklich anstrengen, die Butter gleichmäßig darauf zu verteilen. Sie kann doch Opa nicht sagen, was sie bedrückt. Er ist schließlich der Vater von Mutti!

Als Caro kurz aufblickt, sieht sie, dass Opa sie schweigend anblickt. Schnell sieht sie auf die Marmeladengläser. Oma scheint Unmengen an Marmelade einzukochen. Jedenfalls hat man morgens immer etliche Sorten zur Auswahl. Erdbeer-Rhabarber, Kirsch, Heidelbeer-Vanille.

Caro entscheidet sich für Heidelbeer-Vanille-Konfitüre. Sie dreht den Deckel auf, kleckst Marmelade auf ihr Brot.

»Du vermisst deinen Vater, nicht wahr?«

Verwundert sieht Caro auf. Woher weiß Opa das jetzt?

Aber Opa spricht schon weiter. »Natürlich hast du ihn lieb, er ist ja dein Vater, und er hat euch ja auch lieb. Da ist es schwer für euch, plötzlich ohne ihn dazustehen. Aber wer weiß, vielleicht kommt er euch ja mal besuchen …«

»Das will Mutti nicht«, meint Caro düster. »Und außerdem haben sie sich so gestritten. Bestimmt lassen sie sich scheiden.«

Opa zögert, bevor er redet. »Vielleicht. Vielleicht lassen sie sich scheiden. Das gibt es leider, dass zwei erwachsene, verheiratete Menschen, die sich einmal so lieb gehabt haben, plötzlich feststellen, dass sie sich gegenseitig nur noch das Leben schwer machen und es nicht mehr miteinander aushalten. Bei deinen Eltern bin ich mir da nicht so sicher… Aber eines sollst du wissen: Dein Vati bleibt immer noch dein Vati. Und wenn er es will und wenn du es willst, dann soll niemand ihn daran hindern, Kontakt zu dir zu haben!«

»Ich könnte einen Brief an Vati schreiben«, überlegt Caro.

»Das ist eine gute Idee«, meint Oma. »Tu das!«

Ja, das nimmt Caro sich ganz fest vor. Heute schreibt sie einen Brief an Vati.

Aber dann ist sie doch ganz schrecklich beschäftigt. Zuerst nimmt Mutti sie mit zum Einkaufen, damit sie endlich an Hausschuhe kommt. Und an eine zweite Hose.

Es ist anstrengend, mit Mutti so etwas zu kaufen. Mutti will immer die praktischen Sachen kaufen, wie sie das nennt.

»Praktisch« scheint ein anderes Wort für hässlich zu sein.

Praktische Schuhe sind nicht weiß mit pink, sondern dunkelblau.

Praktische Jeans haben keine Stickereien, dafür ein Gummi im Bund.

Caro sucht ewig lange nach einer Jeans mit Stickerei und Gummi im Bund, bis sie endlich eine entdeckt hat.

»Guck mal, Mutti«, sagt sie und zeigt Mutti das Gummi. »Die ist total praktisch!«

Aber Mutti sieht gar nicht auf das Gummi, sondern nur auf das Preisschild und dann sagt sie, dass sie jetzt weniger

Geld haben, weil sie nicht mehr bei Vati wohnen, und dass die Jeans zu teuer ist.

»Und warum gehen wir dann nicht zu Vati zurück und haben Geld und kaufen die Jeans?«, fragt Caro böse.

Da fängt Mutti mitten im Kleidergeschäft an zu weinen und kauft die Jeanshose doch.

Caro ist betroffen. Sie hatte sich gar nicht klargemacht, dass Mutti vielleicht auch traurig ist darüber, wie im Moment alles läuft.

Den Nachmittag über ist Caro extralieb zu Mutti. Damit sie nicht mehr traurig ist. Sie hilft ihr, die Einkäufe auszupacken. Sie verspricht, ihr Zimmer aufzuräumen. Sie fegt den Flur. Sie lernt mit Sven das Einmaleins mit der Zwei.

Mutti merkt anscheinend überhaupt nicht, dass Caro ihr hilft. Sie läuft durch die Gegend wie ein Gespenst. Was für ein dummer Advent!

Wie gut, dass Caro ihren Weihnachtsengel hat! Fast gespannt ist sie, als sie sich abends ins Bett legt. Was wird er ihr heute erzählen?

»Hallo«, sagt der Engel, als er auf Caros Bettdecke sitzt, die Beine zierlich übereinander geschlagen. »Bist du traurig heute?«

Caro nickt. »Meine Eltern haben sich gestritten, und Mutti ist mit uns hierher zu Oma und Opa gezogen. Bestimmt lassen sie sich scheiden…«

Der Engel lächelt geheimnisvoll. »Manchmal geschieht ein Wunder …«

»Wie meinst du das?«

»Nun, manchmal geschieht ein Wunder, wenn man schon alle Hoffnung aufgegeben hat. Kennst du die Geschichte von Elisabeth und Zacharias?«

Caro nickt. Sie kennt die Geschichte aus dem Kindergottesdienst. Aber sie möchte sie trotzdem gerne noch einmal erzählt bekommen.

»Zacharias und seine Frau Elisabeth waren schon lange verheiratet. Und sie wünschten sich so sehr ein Kind. Zuerst hatten sie ganz fest geglaubt, dass sie eines bekommen würden. Dann hatten sie gehofft und gebetet. Und schließlich war Elisabeth so alt geworden, dass sie eigentlich keine Kinder mehr bekommen konnte. Da gaben die beiden die Hoffnung auf. Sie richteten sich auf ein Leben ohne Kinder ein.

Und dann passierte es. Zacharias war ja Priester. Und als er wieder am Tempel war und das große Räucheropfer im Allerheiligsten stattfinden sollte, da wurde Zacharias dafür ausgelost.

Sicher war er sehr aufgeregt. Das geschah einem Priester nicht oft, dass er diese Aufgabe wahrnehmen durfte. Einmal im Jahr wurde das Opfer dargebracht und aus vielen Priestern wurde einer ausgelost.

Diesmal war Zacharias an der Reihe. Was für eine Ehre! Ganz allein ging Zacharias ins Allerheiligste, entzündete das Räucherwerk und sprach ein Gebet. Und dann stand da der Engel.

Zacharias wusste sofort, dass es ein Engel war, ein Bote Gottes. Zacharias kannte die Schriften sehr, sehr gut und er spürte wohl auch die Nähe Gottes.

Der Engel grüßte Zacharias. Und Zacharias wusste: Jetzt würde er eine Botschaft bekommen. Eine Botschaft von Gott.

Mit was für einer Botschaft er wohl gerechnet hat? Jedenfalls nicht mit dem, was kam.

Der Engel versprach ihm einen Sohn. Einen Sohn – nach der langen Zeit, in dem Alter!

Und Zacharias? Freute er sich? Musste er sich nicht unbändig freuen?

Nein, er konnte es einfach nicht glauben. Ein Sohn? Jetzt? Das wäre ja ein echtes Wunder!

›Gib mir ein Zeichen, dass es stimmt, was du sagst‹, bat er.

Der Engel aber fand das wohl gar nicht gut. ›Ich bin Gabriel‹, erklärte er, als sei damit schon alles gesagt. Und es war ja eigentlich auch alles gesagt. Gabriel, der Bote Gottes. Zacharias wusste wohl, was das bedeutete. Ein Bote Gottes lügt nicht.

Gabriel fuhr fort. ›Du sollst dein Zeichen bekommen. Ab jetzt kannst du nicht mehr sprechen, bis das alles geschehen ist, was ich dir vorhergesagt habe.‹

Zacharias war bestimmt nicht glücklich mit diesem Zeichen. Bestimmt hatte er sich etwas ganz anderes vorgestellt. Eine nette kleine Wolke mit Flamme darin oder etwas ähnlich Harmloses.

Und dann wurde es erst recht peinlich, als er aus dem Allerheiligsten hinausging und dort die ganze Menschenmenge stand, die jetzt von ihm gesegnet werden wollte. Kannst du dir das vorstellen? Und er konnte nicht sprechen!«

»Aber das Wunder ist trotzdem geschehen«, meint Caro nachdenklich.

»Genau.«

4. Dezember

Es gibt Menschen, die können am Sonntag ausschlafen. Es gibt Menschen, die können das nicht.

Caro gehört zur zweiten Sorte. Wie ihr Vati übrigens. Am Wochenende, da stehen Vati und Caro immer früh auf und machen es sich gemütlich, während Mutti und Sven noch schlafen. Wenn man Glück hat, wachen die beiden rechtzeitig auf, um in die Kirche zu gehen.

Das heißt: Früher war das so. Früher, das ist, als Caro noch bei ihrem Vati wohnte. Vor einer Woche oder so ähnlich.

Jetzt ist eine neue Zeit angebrochen. Caro hockt auf ihrem Bett, noch im Nachtanzug, und starrt vor sich hin. Blöder Umzug! Blöde Mutti! Alles ist blöde!

Was soll sie jetzt machen? Zunächst einmal zieht Caro sich an. Dann hockt sie sich wieder auf das Bett. Sie sieht sich in ihrem Zimmer um. Kaum Spiele, kaum Bücher, gar nichts Interessantes.

Ein paar Zettel liegen auf dem Tisch herum. Darauf wollte Caro ihren Brief an Vati schreiben.

Warum schreibt sie ihn eigentlich nicht jetzt?

Caro stützt sich am Bett ab und steht auf, geht die paar Schritte zum Tisch. Sie setzt sich, legt ein Blatt gerade vor sich hin. Dann beginnt sie zu schreiben: »Hi Vati!«

Sie starrt auf den Zettel. »Hi«. Das schreibt man Erwachsenen eigentlich nicht, oder?

Caro knüllt den Zettel zusammen und wirft ihn in den Papierkorb. Getroffen. Immerhin. Zufrieden nimmt sie sich den nächsten Zettel und schreibt: »Lieber Vati!«

Sie legt den Kopf schief. »Lieber Vati!« Das hört sich so nach Schulaufsatz an oder nach Weihnachtsbrief an die

Großtante. Nein, das geht auch nicht. Caro knüllt das nächste Papier zusammen, wirft wieder. Daneben.

Caro sieht das Papier eine Weile stirnrunzelnd an, das da so frech auf dem Holzfußboden liegt. Dann wendet sie sich wieder ihrem Brief zu.

Nächster Zettel. »Hallo Vati!«

Doch, das geht. Bestimmt geht das.

Caro schreibt weiter und auf einmal schreibt sich der Brief ganz von selber:

»Ich sitze hier frühmorgens und außer mir ist keiner wach. Ich vermisse dich so! Und Sven auch. Übrigens heult Mutti auch die ganze Zeit über herum, ich glaube also, dass sie dich auch vermisst. Kannst du nicht einfach herkommen?

Die Schule hier ist cool und Oma und Opa sehr nett. Ich habe noch keine beste Freundin, aber vielleicht kommt das ja noch. Immerhin habe ich hier Barney als Freund.

Ich habe für Sven einen Adventskalender gebastelt. Ich habe einen Weihnachtsengel. Ich wohne in Muttis altem Zimmer. Es ist eine komische Adventszeit.

Jetzt gehe ich in die Küche, vielleicht sind Oma und Opa wach.

Ich hab dich lieb! Kommst du wenigstens an Weihnachten vorbei?

Liebe Grüße und Küsschen,

Caro«

Das ist ein schön langer Brief geworden! Zufrieden legt Caro den Füller beiseite und faltet das Papier zusammen.

Wenig später steht sie in der Küche. Hier sitzen Oma und Opa beim Frühstück. Das ist praktisch – da kann Caro gleich mitessen. Und Opa verspricht, nachher auf dem Weg in den Gottesdienst den Brief in den Postkasten zu werfen.

»Damit dein Vati ihn auch bald bekommt«, sagt er aufmunternd.

»Kommst du mit in den Gottesdienst?«, fragt Oma.

Caro ist sich unsicher. Zu Hause gibt es den Kindergottesdienst. Hier aber …

Andererseits: Was soll sie so lange zu Hause machen, wo Sven und Mutti beide noch schlafen?

Da kommt sie doch lieber mit!

Allerdings wird der Gottesdienst genauso, wie Caro es befürchtet hat. Langweilig. Sie muss still sitzen, die ganze Zeit über. Außerdem werden nur Lieder gesungen, die sie nicht kennt. Und die Predigt ist dermaßen lang, dass Caro dabei einschlafen könnte.

Und nach dem Gottesdienst quatschen Oma und Opa noch mit lauter fremden Leuten. Furchtbar!

Caro setzt sich auf einen Stuhl und baumelt mit den Beinen. Ihre Füße stecken in Halbschuhen. Den einzigen Schuhen, die sie mitgenommen hat. Ob Mutti ihr wenigstens noch Winterstiefel kauft?

»Hallo«, sagt da eine fremde Stimme direkt neben Caro.

Schnell dreht Caro sich um. Sie hat gar nicht gemerkt, dass jemand neben ihr sitzt. Aber da sitzt tatsächlich jemand. Eine dunkelhäutige Frau mit schwarzen, krausen Haaren und sehr bunter Kleidung sitzt da und lächelt Caro freundlich zu.

»Hallo«, sagt Caro und sieht die Frau neugierig an.

»Ich bin Beatrice«, erklärt die Frau fröhlich. »Ist dir auch langweilig?«

Caro nickt. »Bei uns zu Hause gibt es Kindergottesdienst«, erklärt sie düster.

»Bei uns zu Hause feiern alle, alle gemeinsam Gottesdienst. Der Sonntag ist ein Feiertag. Erst feiern alle zusammen Gottesdienst. Den ganzen Vormittag über. Alle zusammen. Erwachsene, Kinder, Alte, Babys. Und manchmal auch ein paar Hühner.« Beatrice lacht.

»Hühner?«

»Wir haben keine richtige Kirche, weißt du. Keine Türen. Und da kommen die Hühner einfach herein. Und nach dem Gottesdienst feiern wir noch weiter. Wir essen zusammen und lachen und singen und freuen uns.«

»Aber ein Gottesdienst, der so lang ist, der ist doch noch viel schlimmer als der heute«, meint Caro und sie stellt sich eine Predigt von drei Stunden vor.

Beatrice lacht schon wieder. Anscheinend lacht sie gerne. »Die Predigt ist nicht länger als hier«, erklärt Beatrice. »Und ich kann sie besser verstehen, weil sie ja in meiner Sprache ist. Aber die Lieder, die Lieder, die sind ganz anders als hier. Nicht so …« Sie macht eine traurige, langsame Liedmelodie vor. »Die Lieder bei uns sind fröhlich. Mit Klatschen und Rhythmus und allem.«

Sie beginnt zu singen: »Lalala, mein Herr Jesus, lalala, mein Herr Jesus. Er kam für mich, lalala, mein Herr Jesus.«

Die Melodie ist eingängig und wiederholt sich immer wieder. Beatrice klatscht den Rhythmus mit und wiegt sich zu ihrem Singen. Ihre Stimme klingt voll und ein wenig rau.

Schon nach kurzer Zeit kann Caro mitsingen. »Lalala, mein Herr Jesus …«

Caro ist begeistert. So ein cooles Lied! Sie singt und klatscht. Beatrice singt und klatscht und schnipst mit den Fingern.

Und erst als plötzlich Applaus ausbricht, fällt Caro auf, dass die gesamte noch anwesende Gemeinde zugehört hat, wie Beatrice und sie gesungen haben.

Wie peinlich! Caro spürt, wie sie rot wird.

Doch der Pfarrer tritt auf die beiden zu. »Das Lied müssen wir unbedingt nächste Woche mit der ganzen Gemeinde üben«, erklärt er. »Bringst du es uns bei?«

Beatrice lacht und nickt. »Wir beiden, wir bringen es euch bei. Nicht wahr?«

Abends erzählt Caro dem Engel von dem Gottesdienst. »So ein cooles Lied«, ruft sie. »Das macht Spaß und ist richtig fröhlich!« Sie überlegt. »Aber für Engel ist das wohl nichts. Engel singen doch immer so ernstes Zeug. Glo-ho-ho-ho-ho-ho-ria ...«

Der Engel lacht. »Wir Engel freuen uns, wenn Freude über Gott herrscht. Wenn die Leute Gott loben und preisen. Wenn sie miteinander fröhlich sind. Da ist die vorherrschende Musikrichtung erst einmal gleichgültig. – Magst du noch eine Geschichte hören?«

Caro nickt und kuschelt sich im Bett zurecht. »Erzähl!«

»Dann erzähle ich dir diesmal eine ausgedachte Geschichte. Die Geschichte vom Engel mit der schrillen Stimme:

Unter den himmlischen Heerscharen ist es üblich, im großen Himmelschor mitzusingen. Die ganz kleinen Engel mit ihren piepsigen Stimmen singen im Oberchor, die größeren dürfen die Melodie singen und die mit den tiefen Stimmen singen ganz tief unten. Das klingt herrlich, da die Engel niemals falsch singen. Der Chorleiterengel dirigiert, alle sehen auf ihn, und wenn er das Zeichen gibt, dann beginnt ein herrlicher Gesang zur Ehre des Schöpfers. Drei-, vier-, ja manchmal sogar achtstimmig. Immer klingt die Musik ganz wunderbar.

Nun gab es einmal einen Engel, der war ein goldiger kleiner Kerl, aber er hatte eine furchtbar schrille Stimme. Und als er nun endlich das Alter hatte, um in den Engelchor aufgenommen zu werden, da sang er eben mit dieser schrillen Stimme mit. Und die hörte man sehr deutlich heraus.

Alle anderen Engel sahen sich um, wer wohl der Verursacher dieser entsetzlichen Töne war, und der kleine Engel wusste es wohl, denn er versuchte, sich hinter seinem Notenblatt zu verstecken.

Der Chorleiterengel, ein strenger Herr namens Blasius, sah stirnrunzelnd in seine Richtung, wagte aber einen neuen Versuch. Er gab den Einsatz, winkte dann aber schnell ab. ›Wer singt hier so entsetzlich?‹, fragte er streng.

Engel sind sehr ehrlich, und so hob der kleine Engel errötend seine Hand.

›Kannst du nicht anders singen?‹, fragte Blasius.

Beschämt schüttelte der kleine Engel den Kopf.

›Dann sing wenigstens leise.‹

Wieder gab Blasius den Einsatz. Und wieder hörte man, schrill und überdeutlich, die Stimme des kleinen Engels heraus.

›Er soll gehen!‹, riefen die anderen Engel.

›Er verdirbt den ganzen Chor!‹

›Er soll stehen bleiben und nur den Mund bewegen, ohne zu singen‹, schlugen ein paar freundlichere Genossen vor.

Der kleine Engel sah auf den Boden. Wie furchtbar war das alles! Warum nur hatte Gott ihm eine solch entsetzliche Stimme gegeben?

Nun, es endete damit, dass der kleine Engel eine Triangel in die Hand gedrückt bekam, auf der er eine glockenhelle Begleitung spielen durfte – aber singen durfte er nicht mehr.

Und sein Leben lang war er unglücklich darüber und haderte auch ein wenig mit Gott, der ihm diese entsetzlich durchdringende Stimme gegeben hatte.

Bis zu einer Nacht, einer ganz bestimmten Nacht.

Weihnachten war vorbei. Und alle, wirklich alle Engel des Himmels hatten staunend verfolgt, wie Gott als Baby unter Menschen geboren worden war, wie die Hirten gekommen waren, um das Baby anzubeten, und dann noch viele andere Menschen, unter anderem die Weisen aus dem fernen Morgenland.

Und dann geschah es. Die Nachricht ging entsetzt von Mund zu Mund. ›König Herodes will das Baby töten. Wir müssen Josef wecken und ihn warnen!‹

Der gute Blasius sah alle seine Noten durch, um einen möglichst gewaltigen Gesang zu finden, damit Josef auch ganz bestimmt aufwachen würde. Doch ehe er noch eine Wahl getroffen hatte, da war schon der kleine Engel vorgetreten. ›Josef!‹, schrie er mit seiner schrillen Stimme. ›Josef! Wach sofort auf! Das Kind ist in Gefahr! Schnapp dir das Kind und die Mutter und flieh nach Ägypten! Sofort! Es ist eilig!‹

Und die schrille Stimme tat ihre Wirkung. Josef saß sofort aufrecht auf seinem Lager, und entschlossen, wie er nun einmal war, handelte er sogleich. So wurde durch die schrille Stimme des Engleins das Jesusbaby gerettet. Der kleine Engel haderte nie wieder mit seiner Stimme. Und manchmal, wenn er die Triangel schlug, dann lächelte er versonnen vor sich hin.«

5. Dezember

Es ist Montag. Das Wochenende ist vorbei und Caros zweite Woche in der neuen Schule beginnt. Caro stapft durch den Schnee, der den Bürgersteig bedeckt. Hinter ihr geht Sven. Sven benutzt Caros Fußspuren, da kann er leichter gehen.

»Der dumme Schnee!«, schimpft Sven vor sich hin.

Caro nickt grinsend. Komisch, denkt sie. Zu Hause wollten wir immer Schnee haben. Und hier? Hier regt man sich auf, weil man Schnee hat. Weil er eben doch lästig ist auf die Dauer.

»Warum muss es eigentlich Schnee geben?«, meckert Sven.

»Weil die Blumen darunter schlafen«, klärt Caro ihn auf. »Und zum Schlittenfahren. Gestern hast du dich noch darüber gefreut. Und außerdem hast du die ganzen letzten Wochen immer um Schnee gebetet. Und in diesem Jahr bekommst du ihn eben.«

Sven lacht. Und da sind sie auch schon an der Schule.

Direkt in der ersten Stunde erklärt Frau Schreiber den Kindern, sie wolle nun endlich ein paar winterliche und vorweihnachtliche Fensterbilder mit ihnen basteln.

Begeisterung bei den Mädchen, Aufstöhnen bei den Jungen ist die Folge.

Frau Schreiber erklärt, sie wolle den Kindern viel Freiheit lassen, nur solle das Bild etwas mit Schnee und vorweihnachtlicher Zeit zu tun haben. Zunächst aber müssen sie sich in Kleingruppen zu zwei bis drei Kindern aufteilen, denn es soll eine Gruppenarbeit werden.

Das gefällt den meisten Kindern. In der Klasse gibt es feste Trüppchen von besten Freunden, die sich schnell zusammenfinden. Alle. Außer Caro.

Caro steht unschlüssig herum. Wenn jetzt Frau Schreiber anfängt, die anderen Kinder zu zwingen, Caro in die Gruppe aufzunehmen, dann wird es ganz entsetzlich.

Da hört Caro Bennos Stimme. Benno, den sie kürzlich auf dem Schlitten mitgenommen hat.

»Caro, willst du bei uns in die Gruppe?«

Caro sieht auf. Benno ist in einer Gruppe mit dem Witzbold Steffen. Die beiden hätten noch Platz.

Erleichtert nickt Caro. Sie schnappt sich ihre Arbeitsmaterialien und setzt sich zu den beiden an den Tisch.

Benno hat bereits begonnen, ein Auto vorzumalen.

»Wieso machst du ein Auto?«, fragt Caro verwundert.

»Ich kann nur Autos«, erklärt Benno ungerührt.

»Wir sollen etwas mit Weihnachten und Schnee machen«, bemerkt Caro.

»Benno macht immer Autos«, grinst Steffen.

Das scheint ja eine tolle Gruppe zu sein, in die sie da hineingeraten ist! Caro stöhnt.

»Das Auto kann ja durch den Schnee fahren«, brummt Benno.

Caro nickt. »Okay. Wir machen eine verschneite Straße mit einem Auto darauf. Was noch?«

Benno zuckt mit den Schultern. »Weiß nicht. Ich mache das Auto, ihr den Rest.«

»Ich könnte eine Blume ausschneiden«, schlägt Steffen vor.

»Eine Blume? Im Winter?« Caro sieht ihn entgeistert an.

»Na ja, Blumen sind nicht so schwierig ...«

Eine Blume. Mitten im kalten Winter. Caro fällt eine Liedzeile ein. »Kannst du denn wenigstens eine Rose machen?«

Steffen nickt. »Klar. Wieso?«

»Weil die dann unsere vorweihnachtliche Sache wäre. Passt auf …« Und sie erklärt den beiden Jungen, was sie vorhat.

Und dann wird gezeichnet, geschnitten und geklebt. Am Ende des Vormittags haben alle Gruppen ihre Fensterbilder fertig. Viele Schneemänner gibt es da, einen ganzen Rodelberg, sogar eine Krippe. Auf dem Bild von Caros Gruppe fährt ein Auto durch den Schnee. Der Schnee ist hellgrau, weil die weiße Pappe nicht gereicht hat. Mitten aus der weißen Fläche aber wächst eine wunderschöne rote Rose.

Verwundert sehen die Klassenkameraden, sieht Frau Schreiber auf das Fensterbild. »Und wo ist da der Schnee?«, plärrt Jo.

»Was hat das Ganze mit Weihnachten zu tun?«, fragt Frau Schreiber.

Caro sieht Benno an. Benno sieht Caro an.

Dann spricht Steffen. »Der Schnee ist matschig von den Autos, die darüberfahren«, erklärt er. »Darum ist er grau.«

»Und die Rose, die aus dem Schnee wächst, die hat ganz viel mit Weihnachten zu tun!«, ruft Caro. »Kennen Sie nicht das Lied ›Es ist ein' Ros' entsprungen‹?«

Als Caro abends im Bett liegt, lacht sie immer noch leise vor sich hin, als sie an das Gesicht von Frau Schreiber zu ihrer Bemerkung denkt.

Ja, Frau Schreiber sah richtig verdutzt aus. Aber dann lachte sie und lobte die Kinder, dass sie auf so eine wundervolle Art die Weihnachtsbotschaft ins Spiel gebracht hätten.

»Du hattest heute deinen Spaß in der Schule«, stellt der Engel fest.

Caro nickt. Sie erzählt ihm von dem Fensterbild.

Der Engel lächelt. »Habt ihr es auch aufgehängt?«

Caro nickt stolz.

»Das ist ja schön! – Was möchtest du heute für eine Geschichte hören?«

»Du hast mir die von Elisabeth und Zacharias noch gar nicht zu Ende erzählt!«, beschwert sich Caro.

Der Engel nickt. »Dann wollen wir das mal nachholen.« Er überlegt kurz, dann erzählt er:

»Elisabeth war sehr, sehr froh, als Zacharias ihr aufschrieb, was er erlebt hatte. So sehr und so lange hatte sie sich ein Kind gewünscht … und jetzt hatte Gott ihr eines versprochen. Die Erfüllung ihres größten Wunsches.

Doch dann kamen die Zweifel. Sie war gar nicht mehr in einem Alter, in dem Frauen Kinder bekommen können. Wie sollte das gehen?

Nach einiger Zeit bemerkte Elisabeth es dann doch. Und spätestens als sie die ersten kleinen Babytritte in ihrem Leib spürte, da wusste sie es ganz sicher: Gott erfüllte sein Versprechen. Sie würde in ihrem Alter noch einen Sohn bekommen. Einen Sohn, der zudem auch noch einen ganz besonderen Auftrag von Gott hatte.

Aber was würden die Leute sagen? Die anderen Frauen in ihrem Alter waren längst Großmütter – und sie bekam noch ein Baby! Elisabeth zog sich weite Kleidung an, damit nicht jeder gleich sehen konnte, was mit ihr los war.

Sie wurde noch dicker. Sie bekam Besuch von ihrer jungen Cousine Maria. Maria reiste wieder ab. Und inzwischen konnte jeder sehen, dass Elisabeth schwanger war. Hochschwanger.

Dann bekam sie Wehen. Sie gebar ihr Kind. Und Zacharias konnte immer noch nicht wieder sprechen.

Elisabeths Kind war ein Junge. Nach acht Tagen sollte er beschnitten werden und einen Namen bekommen.

Elisabeth und ihr Mann richteten ein großes Fest aus für ihren kleinen Jungen. Die Nachbarn kamen, die Freunde, die Verwandten. Eine große Menge von Leuten war zusammengekommen, um das Kind zu feiern.

›Und? Wie heißt er jetzt?‹, fragten sie. ›Wie heißt euer Stammhalter? Sicher Zacharias wie sein Vater, oder?‹

Elisabeth schüttelte den Kopf. ›Nein, er soll Johannes heißen.‹

Die Leute sahen Elisabeth ungläubig an. Es war zu damaliger Zeit ziemlich üblich, auch Namen weiterzuvererben. Vielleicht dachten sie, Elisabeth sei noch ein wenig geschwächt von der Schwangerschaft und der Geburt und wisse darum nicht genau, was sie sage. Vielleicht dachten sie auch, eine Frau kenne sich eben nicht so gut aus wie ein Mann. Jedenfalls fragten sie Zacharias. ›Wie soll er heißen, euer Sohn?‹

Zacharias nahm sich eine Tafel und schrieb: ›Er soll Johannes heißen!‹

Ungläubig nahmen es die ganzen Besucher zur Kenntnis.

Und da, genau in dem Moment, in dem alles erfüllt war, was der Engel prophezeit hatte, da konnte Zacharias wieder sprechen. Und das Erste, was er sprach, war ein Dankgebet. Ein Gebet, in dem er Gott lobte und ihn pries für all das Gute, was er ihm erwiesen hatte.«

Caro gähnt. »War ja eigentlich in Ordnung so. Immerhin hatte er Gott eine Menge zu verdanken.«

»Jeder Mensch hat Gott viel zu verdanken.«

Aber da schläft Caro schon.

6. Dezember, Nikolaustag

Heute ist Nikolaus. Zu Hause haben sie immer eine Kleinigkeit geschenkt bekommen, doch Caro ist nur zu klar, dass es in diesem Jahr nichts Großes geben wird. Predigt nicht Mutti tagaus, tagein, dass sie jetzt viel weniger Geld haben?

»Dann zieh doch wieder mit Vati zusammen«, hat sie Sven einmal murren hören. Doch Mutti hat nichts dazu gesagt. Vielleicht hat sie es auch nicht verstanden.

Eine Kleinigkeit, das hofft Caro, wird es wohl trotzdem geben. Einen Schokoriegel vielleicht oder ein paar Plätzchen.

Und so schleicht sie sich morgens, noch im Nachtanzug, aus ihrem Zimmer die Treppe hinunter. Schon auf der Treppe kommt ihr Barney, der Hund, entgegen. »Hi, Barney«, murmelt Caro und streichelt sein weiches Fell. Barney ist wenigstens ihr Freund.

Barney trottet weiter. Wahrscheinlich legt er sich vor der Tür zu Svens Zimmer schlafen.

Caro tappt weiter die Treppe hinunter, sieht sich im halbdunklen Flur um. Tatsächlich, da vorne steht etwas Helles. Vorsichtig geht Caro näher. Und da stehen doch tatsächlich – zwei leere Teller.

Das heißt: Ganz leer sind sie eigentlich nicht. Auf dem einen liegt ein Schildchen »Sven«, neben dem anderen ein Schildchen »Caro«. Aber ansonsten sind die Teller leer. Leerer geht es nicht mehr.

Enttäuscht steht Caro im kühlen Flur. Was soll das jetzt heißen? War das ein schlechter Scherz von Opa? Weil er findet, seine Enkel seien nicht brav gewesen oder so etwas?

Aber den Spaß wird ihm Caro verderben! Sie stellt sich

jetzt nicht hier hin und heult. Das kommt gar nicht in Frage!

Caro stapft die Treppe wieder hoch. Sie wird so tun, als sei überhaupt nichts gewesen.

Sie setzt sich in ihrem Zimmer auf das Bett und wartet. Irgendwann hört sie den Wecker klingeln. Langsam macht sie sich fertig und geht dann mit betont gleichgültiger Miene nach unten.

Omas erwartungsvollen Blick ignoriert sie. Und Opa sieht sie lieber überhaupt nicht erst an. Der soll seine dummen Witze mit jemand anders machen!

Schweigend schmiert Caro ihr Frühstücksbrot. Schweigend isst sie und trinkt ihren Kakao.

Da kommt Sven die Treppe heruntergepoltert. Er läuft direkt in die Küche. »Guten Morgen, Oma!«

Oma knuddelt ihn ein wenig.

Mutti betritt die Küche. »Haben die Kinder ihre Teller schon abgeräumt?«, fragt sie, offensichtlich erstaunt.

Oma lacht. »Ja? Haben sie?«

»Haha!«, macht Caro gelangweilt. Langsam wird ihr die Sache zu bunt.

»Welche Teller?«, erkundigt sich Sven verwundert.

»Was ist denn mit euch los?«, fragt Oma erstaunt und geht in den Flur. »Die Teller sind leer«, stellt sie fest, als sie die Küche wieder betritt. »Sagt mal, wart ihr wirklich nicht daran?«

»War denn etwas darauf?« Caro ist immer noch misstrauisch.

»Ja, sicher. Eine Menge Plätzchen.«

»Räuber!«, ruft Sven. »Räuber waren in unserem Haus!«

»So ein Blödsinn«, widerspricht Caro. »Die hätten Geld gestohlen. Nicht unsere Plätzchen.«

»Aber hier ist doch sonst keiner. Oder glaubst du, Oma oder Opa hätten die Plätzchen gestohlen?«

»Höchstens Barney«, meint Caro nachdenklich.

»Barney! Das sähe ihm wirklich ähnlich, verfressen, wie er nun einmal ist!« Oma starrt Caro an. »War er denn heute Morgen im Flur?«

Caro nickt.

Nun ja, da ist das Rätsel ja gelöst. Oma verspricht den Kindern, ihnen nach der Schule neue Plätzchen zu geben. Halbwegs getröstet machen sie sich auf den Weg.

»Immerhin hat Barney einen schönen Nikolausmorgen gehabt«, meint Caro. Barney mag sie wirklich gern.

Übrigens bringt Frau Schreiber heute Nüsse und Äpfel mit in die Schule. Von ihrem eigenen Walnuss- und Apfelbaum. Die Äpfel sind kleiner als die gekauften und die Nüsse brauner, doch beides schmeckt sehr gut.

»Der Bischof Nikolaus, das muss ein ganz wunderbarer Mensch gewesen sein«, sagt sie. »Viele Geschichten werden über ihn erzählt. Ich weiß nicht, ob sie alle wahr sind. Aber sie berichten alle darüber, dass ihm Menschen wichtiger waren als Geld und Reichtum. Und die Kinder waren ihm bestimmt besonders wichtig.«

Sehr sympathisch, findet Caro. Und sie denkt nach. Ihren Eltern scheinen ja die Kinder nicht besonders wichtig zu sein, oder?

Zuerst zanken sie sich die ganze Zeit über, obwohl die Kinder traurig darüber sind. Dann trennen sie sich, obwohl die Kinder traurig darüber sind. Und heute hüpft und springt Mutti nachmittags durch die Wohnung, als gehe es ihr richtig gut, obwohl die Kinder immer noch traurig sind.

»Kommt Vati?«, fragt Sven hoffnungsvoll.

»Nein«, jubelt Mutti. »Ich hab die Stelle! Ich kann morgen schon anfangen!«

Caro und Sven sehen einander an. Es ist ja schön, dass Mutti über ihre neue Arbeitsstelle so fröhlich ist. Aber lieber hätten die beiden ihren Vati dagehabt. Und überhaupt ...

Abends fragt Caro den Engel. Der lächelt: »Du meinst, ihr seid euren Eltern nicht mehr wichtig? Das glaube ich nicht. Die meisten Eltern lieben ihre Kinder mehr, als denen klar ist. Nur ist es so, dass die Eltern eben auch nur Menschen sind. Und wenn sie so sehr mit ihren eigenen Problemen zu kämpfen haben, dann schaffen sie es manchmal nicht, ihre Liebe so zu zeigen, wie die Kinder es sich wünschen.«

»Und Jesus?«

»Jesus? Der hat die Kinder ganz besonders geliebt. Das haben sogar seine Jünger zu spüren bekommen.«

Caro schweigt erwartungsvoll. Wenn sie Glück hat, erzählt der Engel wieder eine Geschichte.

Und tatsächlich, da beginnt er schon: »Jesus ist ja damals, als er erwachsen war, viel durch die Gegend gezogen. Er hat Menschen geheilt, ihnen geholfen, ihnen zugehört, ihnen von Gott erzählt.

Und er konnte so erzählen, dass alle ihm zuhörten. Mengen von Menschen sammelten sich um ihn, um seinen Erzählungen, seinen Predigten zu lauschen.

Und die Jünger, nun, die mussten da eben ein wenig für Ordnung sorgen.

An einem Tag nun, da predigte Jesus wieder einmal. Menschen hatten sich um ihn herum versammelt. Viele Menschen. Und es kamen immer noch weitere hinzu.

Zum Beispiel war da eine Gruppe von Frauen mit ihren Kindern. Natürlich hatten die Frauen die Kinder bei sich.

Sollten die Kinder nicht auch von diesem Jesus hören? Vielleicht einen Segen von ihm empfangen?

Die Frauen näherten sich also, vorsichtig zuerst, mit den ganz kleinen Kindern auf dem Arm, den kleinen an der Hand. Und die größeren liefen einfach so nebenher.

Und als sie hinten nicht viel verstehen konnten, da gingen sie etwas weiter nach vorne.

Nun sind Kinder keine kleinen Erwachsenen. Kinder stehen nicht immer still. Kinder machen Geräusche, bringen Unruhe. Und das taten auch diese Kinder hier.

Einige Menschen drehten sich nach ihnen um, legten den Finger an die Lippen. Andere schimpften.

Die Mütter versuchten, die Kinder ruhig zu halten. Schließlich sollten sie doch gesegnet werden!

Doch da kamen die Jünger. Jesu Jünger.

›Ich verschwindet jetzt hier, und zwar ganz schnell!‹, wiesen sie die Frauen an. ›Die Kinder stören nur die Predigt. Hinaus mit ihnen! Sie können wiederkommen, wenn sie erwachsen sind!‹

Die Frauen hatten es befürchtet. Und nun nahmen sie die Kinder an die Hand, um zu gehen. Kinder waren wieder einmal nur ein Störfaktor.« Der Engel schweigt.

Caro grinst. »Aber Jesus hat ihnen etwas erzählt!«

»Ja, genau. Jesus bekam nämlich mit, was seine Jünger da gerade taten. ›Nein, Leute, so geht das nicht!‹, rief er. ›Lasst die Kinder nur herkommen! Kinder sind viel näher an Gott als die meisten Erwachsenen!‹ Und er nahm sie in den Arm und segnete sie.«

An diesem Abend steht in einer ganz anderen Stadt jemand und liest einen Brief. Es ist Caros und Svens Vati und er liest Caros Brief. Ganz sorgfältig legt er ihn auf die Seite.

7. Dezember

Es gibt Tage, die beginnen schon so, dass man weiß: Heute wird alles schiefgehen, was irgendwie schiefgehen kann. Tage, an denen man stolpert über seine offenen Schnürsenkel und sich der Inhalt des Ranzens in eine Regenpfütze ergießt. Tage, an denen die Milch überkocht und der Tee über das Rechentestheft läuft. Tage, an denen man sich mit sich selber und der ganzen Welt verkracht.

Heute ist so ein Tag, davon ist Caro fest überzeugt, sobald er angefangen hat.

Als Caro aufwacht, stellt sie fest, dass sie wohl vergessen hat, den Wecker zu stellen.

Mutti ist schon weg in ihre Apotheke, darum muss Caro sich heute selber wecken. Sich und Sven. Und ausgerechnet heute hat sie den Wecker nicht gestellt!

Jedenfalls ist sie eine halbe Stunde später dran als sonst, macht sich in Windeseile fertig und rast die Treppe hinunter in die Küche, stolpert über die Schwelle und fällt Oma in die Arme, die gerade nach ihr sehen wollte.

»Heute scheint dein Glückstag zu werden«, schmunzelt Opa. »Wenn Oma dich nicht gehalten hätte, wärst du böse hingefallen.«

»Heute ist ein Unglückstag«, mault Caro. »Sonst wäre ich nicht gestolpert.«

Sven hört verwundert Caros Poltern auf der Treppe, steht auf und sieht aus der Tür seines Zimmers.

»Steh auf!«, schreit Caro. »Wir sind zu spät!«

Da zieht sich Sven in Windeseile an.

Nach dem Frühstück muss Caro sich schon wieder beeilen, um wegzukommen. Immerhin hat Sven heute erst zur zweiten Stunde Schule, da braucht Caro nicht auf ihn zu warten, sondern kann sich beeilen. Da fällt ihr noch ein, dass sie ja heute Malzeug mit in die Schule nehmen soll.

Caro jault auf.

»Was ist denn, mein Kind? Hast du Magenschmerzen?« Oma leidet selber manchmal darunter.

»Ich hab kein Malzeug!«, jammert Caro. »Ich soll heute einen Wasserfarbkasten und Pinsel mitbringen! Und meine Sachen sind alle zu Hause!«

»Dein Zuhause ist fürs Erste hier«, bemerkt Opa.

Böse sieht Caro ihn an.

»Du sagst deiner Lehrerin, dass du deine Sachen noch nicht alle hier hast«, beruhigt Oma. »Und am Wochenende gehen wir beide einkaufen und holen dir, was du brauchst.«

Caro nickt. Oma ist die Beste.

Jetzt aber muss sie loslaufen, wenn sie noch halbwegs rechtzeitig kommen will!

Caro wirft sich die Jacke über, nimmt den Ranzen über die eine Schulter und flitzt los. Nur nicht zu spät kommen!

Eilig läuft sie den Gehweg entlang, sieht hastig nach links und rechts, ob auch kein Auto kommt, läuft über die Straße. Dann wieder den Gehweg entlang.

Caro läuft auf die Kreuzung zu, die nur wenige Meter von der Schule entfernt liegt. Die Ampel zeigt gerade Grün, und wenn sie sich beeilt, kommt sie noch hinüber.

Caro läuft, sie beeilt sich wirklich, doch sie hat Pech. Gerade als sie die Kreuzung fast erreicht hat, springt die Ampel wieder um. Die Autos setzen sich in Bewegung. Caro will bremsen. Doch sie rutscht auf einer überfrorenen Pfütze aus und prallt so genau in den Rücken eines dicken Herrn, der an der Ampel stehen geblieben ist und wartet.

Caro stammelt eine Entschuldigung.

Der Herr dreht sich mit unvermuteter Behändigkeit um. Er hält Caro fest. »Wen haben wir denn da?«

Caro bekommt Angst. Der Mann kommt ihr zwar irgendwie bekannt vor, aber sie kennt ihn nicht. Zudem springt gerade die Ampel wieder um und sie muss doch in die Schule.

Caro versetzt dem Mann einen Fußtritt gegen das Schienbein, dass der aufstöhnt und sie loslässt, und schreit: »Das geht Sie gar nichts an!« Dann läuft sie über die Straße auf und davon zur Schule.

Und sie kommt keine Sekunde zu früh! Gerade noch gleichzeitig mit Frau Schreiber erreicht sie das Klassenzimmer.

»Verschlafen?«, fragt Frau Schreiber freundlich. Caro nickt, noch außer Atem, und setzt sich an ihren Platz.

Doch der Frieden währt nicht lange. Gerade haben die Kinder begonnen, ihre Rechenaufgaben zu lösen, da klopft es an der Tür. Frau Schreiber öffnet. »Ja, natürlich, Herr Direktor«, hört Caro sie sagen.

Dann wendet sie sich an die Klasse. »Der Herr Schuldirektor möchte euch etwas fragen«, erklärt sie. Und in die Klasse tritt – der fremde Mann von der Ampel.

Caro meint, gleich müsse sie im Fußboden versinken. So etwas Peinliches ist ihr noch nie passiert! Jetzt weiß sie auch, warum der Mann ihr irgendwie bekannt vorkam – sie hatte ihn ja beim Anmeldegespräch gesehen!

Der Schulleiter sieht sich kurz in der Klasse um. Als er Caro sieht, nickt er. »Das junge Fräulein dort möchte ich gerne einmal sprechen.«

Oh, was für ein Herzklopfen hat Caro, als sie hinter dem Direktor her auf den Flur geht!

Die Klassenzimmertür schließt sich hinter ihnen, Frau Schreiber macht bestimmt weiter mit den Arbeitszetteln.

»Entschuldigung«, stammelt Caro. »Ich hatte Sie nicht erkannt …«

»Und warum hast du mich angerempelt?«, fragt der Direktor. Eigentlich sieht er gar nicht so streng aus. »Weißt du, ich muss schon darauf achten, dass meine Schüler sich in der Öffentlichkeit zu benehmen wissen.«

Caro nickt verlegen. »Ich war so spät, wissen Sie? Da bin ich gerannt. Und auf einer zugefrorenen Pfütze ausgerutscht.«

Der Schulleiter lacht. Herr Winkler heißt er, fällt Caro ein. »Dann wäre das ja auch geklärt. Vielleicht hättest du dich ja sogar sofort entschuldigt, wenn die Sache etwas besser gelaufen wäre …«

Caro nickt eifrig.

»Aber ich wollte dir noch etwas sagen: In gewissem Sinne war dein Verhalten vorbildlich.«

Verwundert sieht Caro Herrn Winkler an.

»Du hast dich von mir nicht einschüchtern lassen. Wenn ich wirklich ein fremder Mann gewesen wäre und wenn ich vielleicht etwas mit dir vorgehabt hätte, was nicht so furchtbar nett gewesen wäre – dann wäre dein Verhalten genau richtig gewesen. Also vergessen wir die Sache. Und jetzt ab mit dir in deine Klasse!«

Erleichtert kehrt Caro in den Klassenraum zurück. Das ist ja noch mal gut gegangen! Und der Tag geht auch gar nicht mehr schrecklich weiter, sondern richtig gut.

Caro bekommt ein Diktat mit nur einem Fehler zurück, Steffen teilt mit ihr einen Schokoriegel, Frau Schreiber leiht ihr einen Farbkasten. Sven ist stolz, von Klassenkameraden zum Fußballspielen eingeladen worden zu sein. Und als Mutti nachmittags von der Apotheke nach Hause kommt, ist sie auch ganz aufgedreht und glücklich.

Erst abends im Bett fällt Caro der schreckliche Morgen wieder ein. Der Morgen, an dem sie verschlafen hatte und alles schiefging. Und wie dann alles besser wurde, als Herr Winkler ihr einfach verziehen hat.

»Verzeihen ist irgendwie schon gut«, murmelt sie vor sich hin.

Da hört sie leises Lachen. Der Weihnachtsengel sitzt wieder auf ihrer Bettkante.

»Verzeihen ist mit das Wichtigste!«, sagt er. »Wenn Gott den Menschen nicht verzeihen würde, dann wären sie übel dran.«

Daran hat Caro noch nicht gedacht. Aber es stimmt natürlich. Sie nickt.

»Aber genauso wichtig ist es natürlich, dass die Menschen einander verzeihen«, fährt der Engel fort. »Magst du eine Geschichte dazu hören?«

Caro nickt wieder. Geschichten sind immer gut.

»Dann höre die Geschichte von den beiden kleinen Jungen, die nicht verzeihen wollten.

Pit und Bert wohnten in einer Straße, gingen in dieselbe Klasse und waren die besten Freunde. Sie machten zusammen Hausaufgaben, saßen nebeneinander in der Schule und spielten nachmittags zusammen Fußball. Wenn einer krank war, besuchte ihn der andere, und wenn einer ein neues Spielzeug hatte, lieh er es dem anderen. Bis zu jenem Tag.

Bert hatte die Mathehausaufgaben nicht verstanden und bat Pit, sie ihm zu erklären. Pit erklärte sie ihm, er war ja schließlich Berts Freund. Aber er war sich selber nicht ganz sicher, und so kam es, dass Bert falsche Aufgaben ablieferte. Und dafür eine Sechs bekam.

Bert schimpfte mit Pit, erst scherzhaft, dann ernsthafter. Pit aber fand, er könne nichts dafür, schließlich habe er nur helfen wollen.

Bert erklärte, Pit habe es mit Absicht getan.

Pit verneinte dies und nannte Bert einen Dummkopf.

Bert war beleidigt und schrie Pit an, mit ihm wolle er nichts mehr zu tun haben.

Pit setzte sich im Klassenraum an einen anderen Platz und erklärte dem verdutzten Lehrer, er wolle nicht, dass Bert weiter bei ihm abschreibe.

Alle dachten, die beiden würden sich innerhalb weniger Tage beruhigen. Aber das taten sie nicht.

Wenn sie sich begegneten, sahen sie in die Luft, als würden sie einander nicht kennen.

Sie wollten sich nie wieder sehen. Und wenn bei Bert zu Hause die Sprache auf Pit kam, dann verengten sich seine Augen zu schmalen Schlitzen. Er murmelte ein paar Schimpfworte und verließ das Zimmer.

Wenn jedoch bei Pit zu Hause Bert erwähnt wurde, dann ballte Pit die Faust und stieß wüste Drohungen aus. So vergingen die Jahre.«

Der Engel schweigt.

»Und? Wie geht es weiter?«, fragt Caro neugierig.

»Das kommt darauf an«, meint der Engel langsam. »Beide sind böse aufeinander. Beide finden, dass ihnen Unrecht getan wurde. Und beide haben ein schlechtes Gewissen. Wenn nun einer auf den anderen zugeht, ihn um Verzeihung bittet und ihm selber verzeiht, dann können sie wieder Freunde werden. Vielleicht sogar gute Freunde.

Wenn aber beide weiter vor sich hin wüten, wenn keiner bereit ist, dem anderen zu verzeihen, dann werden sie bis an ihr Lebensende an dieser Geschichte tragen.«

»Ich bin für das gute Ende«, erklärt Caro.

Der Engel lacht. »Also gut. Nehmen wir das gute Ende:

Eines Tages begegneten sich die beiden auf der Straße. Pit studierte mittlerweile Informatik, Bert hatte eine Banklehre angefangen. Es war kurz vor Weihnachten und beide hatten eingekauft. Pit trug eine riesige Tüte, und Bert hatte ein großes Paket in beiden Händen. Beide achteten auf ihren Einkauf, auf die Autos, auf die Festbeleuchtung – aber nicht auf den Gehweg vor sich. Und dann passierte es. Ein Zusammenstoß, Bert konnte das Paket gerade noch halten, Pit ließ die Tüte fallen.

Bert entschuldigte sich automatisch und half Pit dabei, seine Einkäufe wieder zusammenzusammeln. Und erst in dem Moment fiel ihm auf, wer da eigentlich neben ihm auf dem Gehsteig hockte. Mit reichlich verbissener Miene übrigens. Bert gab sich einen Ruck. »Du, Pit«, sagte er. »Ich bitte um Entschuldigung. Nicht nur wegen jetzt, auch wegen damals. Du weißt schon ...«

Pit sah verlegen auf. »Ist schon gut. Ich war auch ganz schön dumm. Ich bitte dich auch um Entschuldigung.«

Dann hockten sie da zu zweit auf dem Gehweg und reichten sich die Hände, und wenn nicht die ersten Passanten geschimpft hätten, hätten sie wahrscheinlich noch lange so gesessen. So aber sammelten sie schnell Pits restliche Einkäufe in die Tüte und machten sich auf den Weg nach Hause. Immerhin wohnten sie in derselben Straße. Und sie hatten sich viel zu erzählen.«

8. Dezember

Caro sitzt in der Schule, im Matheunterricht. Frau Schreiber kann richtig gut erklären. Caro hat sofort begriffen, um was es geht, und ihre Aufgaben im Nu gelöst.

Nun sitzt sie da, sieht sich in der Klasse um und fragt sich, warum die anderen alle so lange brauchen.

Mia kratzt sich am Kopf und sieht verzweifelt auf ihren Zettel. Benno sieht aus dem Fenster. Vielleicht ist er auch schon fertig. Am Fenster hängen die neuen Fensterbilder. Die vielen Schneemänner, die Krippe und das Auto mit der Rose. Das hat Spaß gemacht, mit den beiden Jungen das Fensterbild zu basteln!

»Würdest du bitte weitermachen?« Frau Schreibers Stimme schreckt Caro aus ihren Träumen.

Weitermachen? Das kann sie nicht! Sie ist doch schon fertig!

Caro schüttelt den Kopf.

»Aha. Ich verstehe. Und warum sagst du es nicht, wenn du etwas nicht verstanden hast?«

»Ich«, stottert Caro, »ich … ich habe es doch verstanden.«

»Das ist erfreulich«, bemerkt Frau Schreiber spitz. »Dann bliebe nur noch zu klären, warum du nicht weiterarbeitest.«

»Ich kann nicht«, murmelt Caro unglücklich.

Frau Schreiber sieht sie missbilligend an, greift nach ihrem Arbeitsblatt. Dann aber hellt sich ihr Gesicht auf. »Du bist ja schon fertig!«, ruft sie. »Hervorragende Leistung! Warte, ich gebe dir noch ein paar Knobelaufgaben!«

Und so hat Caro für den Rest der Stunde doch noch zu tun.

In der Pause spricht sie Steffen, der Witzbold, an. »Das war klasse!«, grinst er. »Super! Die Schreiber so aufs Glatteis zu führen!«

»Ich wollte das gar nicht«, meint Caro. »Es war aus Versehen …«

»Macht nichts. War trotzdem super!« Steffen lacht immer noch.

»Du, Caro«, meint Benno plötzlich, der stumm daneben gestanden hat. »Hast du das wirklich alles verstanden?«

Caro nickt. Ja, hat sie.

»Kannst du mir das vielleicht mal erklären? Ich könnte heute oder morgen bei euch vorbeikommen …«

»Ja klar«, will Caro antworten. Im letzten Moment schaltet sie noch. »Ich muss erst meine Mutter fragen«, meint sie. »Ruf doch einfach nachher bei uns an!« Denn Benno ist zwar komisch. Aber wieso soll sie ihm nicht helfen?

Beim Mittagessen ist heute auch Mutti da. Sie hat ja jetzt ihre Arbeitsstelle in der Apotheke, aber die ist direkt im Ort. Und wenn viel Zeit ist, dann kann sie zum Mittagessen nach Hause kommen, das hat ihr Chef erlaubt.

Erst erzählt sie eine Weile von der Arbeit.

Anschließend erzählt Sven, dass es hier einen Fußballclub gibt, in dem auch andere Jungen spielen, die er kennt. Und dass er so gerne auch dort mitmachen will.

Mutti lacht: »Da hast du ja Glück, dass ich jetzt die Stelle habe. Deinen Fußballclub werde ich wohl bezahlen können.«

Sven fällt Mama jubelnd um den Hals.

Dann erzählt Caro, dass Benno mal vorbeikommen will. Zum Üben für die Schule.

»Benno? Wer ist das?«, erkundigt sich Oma misstrauisch.

»Du meinst doch nicht Benno Huber?« Sie wirft Mutti einen Blick zu.

»Doch, der ist das«, nickt Caro. »Er hat Mathe nicht kapiert. Und da dachten wir…«

»Der kommt hier nicht ins Haus«, erklärt Oma kategorisch. »Er ist nicht von hier.«

»Ich auch nicht«, murmelt Caro.

»Seine Mutter ist sonderbar. Und er hat keinen Vater.«

»Ich auch nicht«, meint Caro wieder.

Diesmal guckt allerdings Mutti sonderbar.

»Er kann doch nichts dafür«, sagt Caro.

Da klingelt das Telefon. Opa steht umständlich auf und hebt ab. »Ach, hallo, Benno«, sagt er.

Caro hält den Atem an. Was wird Opa jetzt sagen? Immerhin hat Oma verboten, dass Benno kommt.

»Ja, das hat uns Caro schon erzählt«, sagt Opa gerade. Er lächelt Caro verschmitzt zu. »Du, hör mal, bei uns ist es im Moment etwas ungünstig. Aber was hältst du davon, wenn Caro morgen Nachmittag bei euch vorbeikommt?«

Selbst als Caro abends im Bett liegt, muss sie noch leise vor sich hin kichern, als sie an die Situation denkt. Omas und Muttis Gesichter hätte man fotografieren müssen …

»Wie konntest du?«, rief Oma empört, als Opa aufgelegt hatte.

»Ich möchte, dass meine Enkeltochter ohne irgendwelche seltsamen Vorurteile aufwächst«, erklärte Opa fest. »Wenn sie dem Jungen helfen will, dann soll sie das auch dürfen. Und wenn ihr ihn nicht hierhaben wollt, dann geht sie eben zu ihm hin.«

»Wie war dein Tag heute?«, erkundigt sich der Weihnachtsengel abends.

»Durchwachsen«, meint Caro. »Manchmal läuft eben nicht alles so, wie man sich das denkt.« Sie schweigt.

Der Engel schweigt ebenfalls.

»Erzählst du mir noch eine Geschichte?«

Der Engel nickt. Er überlegt eine Weile, dann beginnt er:

»Maria wusste so ungefähr, wie ihr Leben laufen würde. Sie hatte bei ihrer Mutter alles gelernt, was man als junge Frau wissen musste.

Seit einiger Zeit war Maria verlobt, mit dem Zimmermann Josef. Den würde sie heiraten und seine Frau werden. Sie würden zusammen Kinder bekommen, viele Kinder. Die würden ihren Eltern viel Freude machen. Und Maria würde alles das anwenden können, was sie gelernt hatte.«

»Na ja«, macht Caro, die die Geschichte natürlich erkennt.

»Eines Tages, als Maria gerade beim Arbeiten alleine war, stand plötzlich eine helle Gestalt vor ihr. Maria liebte Gott von ganzem Herzen, und als sie die Gestalt vor sich sah, da wusste sie sofort, dass es ein Engel war.

Der Engel grüßte sie ganz feierlich. ›Du bist gesegnet, Maria‹, sagte er. ›Du bist gesegnet vor allen anderen Frauen.‹

Maria erschrak. Was sollte das heißen? Gesegnet vor allen anderen Frauen?

›Du wirst ein Kind bekommen‹, fuhr der Engel fort. ›Das Kind wird der Heiland sein, der Retter, auf den dein Volk schon so lange wartet.‹

Maria war verwundert. ›Wie kann das passieren?‹, fragte sie. ›Ich habe noch nie mit einem Mann geschlafen.‹

›Gott macht es möglich‹, sagte der Engel. ›Das Kind wird daher Gottes Sohn heißen. Du wirst Freude und viel Leid erleben mit diesem Kind.‹

Maria schwieg. Alle Pläne, alles, was sie sich für ihr Leben erwünscht und erträumt hatte, ging ihr durch den Kopf. Die Heirat mit Josef. Die vielen prächtigen Kinder. Die tolle Hochzeit. Wie hatte sie sich das alles ausgemalt. Und jetzt?

Es würde eine Menge Ärger geben, wenn sie plötzlich schwanger wäre, so viel war Maria klar. Eine ganze Menge Ärger.

Aber Gott wollte es so. Gott hatte Pläne mit ihr. Maria wollte da sein, wenn Gott sie gebrauchte.

›Es soll so sein, wie du gesagt hast‹, antwortete sie dem Engel leise.

Nachher ging in Marias Leben einiges durcheinander. Tatsächlich. Zunächst kam natürlich heraus, dass sie schwanger war. Wie traurig Josef darüber war! Maria wagte kaum, ihn anzusehen.

Aber dann nahm er sie trotzdem zu sich. Ein Engel hatte auch ihm gesagt, dass das Kind Gottes Sohn sei. Was für ein guter Mann dieser Josef war! Maria war Gott sehr dankbar, dass er ihr Josef an die Seite gestellt hatte.

Dann besuchte sie ihre Verwandte Elisabeth. Die war ebenfalls schwanger, in ihrem hohen Alter noch. Eine längere Reise machte Maria, um Elisabeth zu treffen.

Und Elisabeth wusste nicht nur von Marias Schwangerschaft, sie wusste auch, was für ein besonderes Kind es sein würde. Die Frauen hatten eine ganze Menge zu bereden. Ein paar Wochen blieb Maria bei Elisabeth. Dann kehrte sie zu Josef zurück.«

Als der Engel aufhört zu erzählen, schlummert Caro friedlich ein.

9. Dezember

Am nächsten Mittag nach dem Essen macht sich Caro mit klopfendem Herzen auf, um Benno zu besuchen. Sie hat sich von ihm genau den Weg beschreiben lassen und das ist auch gut so. Denn das Haus, in dem er wohnt, liegt etwas außerhalb des Ortes. Hier war Caro noch nie.

Sie sieht sich nach der richtigen Hausnummer um. Doch an den meisten Häusern ist gar keine Nummer.

Ein windschiefer Zaun, hinter dem eine Frau Wäsche aufhängt und ein kleines Kind im Schneeanzug eine Katze jagt, zieht ihre Blicke auf sich.

Nun hat die Frau Caro anscheinend entdeckt. »Suchst du etwas?«, fragt sie Caro freundlich.

»Ich wollte eigentlich ... eigentlich ... Benno Huber besuchen«, stottert die.

»Da bist du goldrichtig, mein Kind!«, ruft die Frau begeistert. »Ich bin seine Mutter. Komm herein! Nenn mich einfach Heidi!«

Das Gartentor steht ohnehin offen, deshalb quetscht sich Caro durch den Spalt. »Warum hängst du mitten im Winter die Wäsche draußen auf?«, erkundigt sie sich neugierig.

»Drinnen wird die Luft immer gleich so feucht«, erklärt Heidi. »Und draußen wird die Wäsche auch nicht langsamer trocken.«

»Wir haben einen Trockner«, meint Caro.

»Wir nicht«, erklärt Heidi. »So ist das im Leben. – Berti, zeig mal dem Mädchen, wo der Benno steckt!«, fordert sie dann das kleine Kind auf.

Und Berti lässt die Katze in Frieden und gibt Caro seine kleine Hand und zieht sie mit in Richtung Haus. Vor der

Tür drückt er nicht etwa die Türklingel, sondern schreit in den höchsten Tönen los: »Benno! Komm sofort raus!«

Und es dauert auch nicht allzu lange, da öffnet Benno die Tür. »Klasse, dass du kommst«, sagt er. »Komm rein!«

Kurz darauf steht Caro in einem Flur, der so durcheinander und vollgestopft ist, wie sie es noch nie gesehen hat. Drei Schuhregale quellen über von Schuhen. An ein paar Haken hängen Jacken, aber es liegen auch Jacken auf dem Stuhl und der Kommode, auf den Schuhen und auf dem Boden.

Benno hängt kurzerhand sämtliche Jacken vom Haken, wirft sie auf das Schuhregal und erklärt: »So, jetzt hast du Platz.«

Dann führt er Caro in die Küche.

Ein kleiner, wuscheliger Hund schießt laut kläffend auf sie zu. Zwei kleine Mädchen sitzen am Tisch und malen, neben ihnen steht anscheinend noch das Frühstücksgeschirr und liegen Bennos Hausaufgaben.

»Sollen wir uns einfach dazusetzen?«, fragt er.

Caro sieht ihn etwas kläglich an. Wie soll sie ihm in diesem Chaos Rechenaufgaben erklären? »Können wir nicht in dein Zimmer gehen?«, fragt sie.

»Ich habe kein eigenes Zimmer«, sagt Benno und jetzt scheint er tatsächlich etwas verlegen. »Aber Heidi hat erlaubt, dass wir in ihr Schlafzimmer gehen.«

Und dann führt er Caro in eine Kammer, in der ein ungemachtes Bett steht, aber daneben eben auch noch ein Regal, ein Tisch mit zwei Stühlen und eine Nähmaschine.

Caro sieht sich um. »Wo schläft denn dein Vater?«, fragt sie erstaunt.

Benno zuckt mit den Schultern. »Weiß nicht. Interessiert mich auch nicht. Ich bin froh, dass er weg ist.«

»Leben deine Eltern auch getrennt?« Das »auch« geht Caro noch schwer von den Lippen.

»Deine auch?«

Caro nickt. »Erst ganz kurz.«

Benno überlegt. »Du wirst dich dran gewöhnen. Hat dein Vater euch auch vermöbelt?«

»Ver… was?«

»Na, verprügelt!«

Caro schüttelt entsetzt den Kopf. Verprügelt … das hätte Vati nie getan. Sie schluckt. »Ich vermisse ihn ganz entsetzlich.«

Benno nickt. »Das kann ich verstehen. Aber vielleicht … vielleicht kommt er ja wieder. Oder du gewöhnst dich daran.«

Nun aber schlägt er sein Rechenheft auf und grinst. »So, dann erklär mal!«

Eine ganze Weile lernen sie so und Caro stellt fest, dass Benno eigentlich ziemlich pfiffig ist. Innerhalb kurzer Zeit hat er den ganzen Stoff begriffen.

Nach einiger Zeit zieht der appetitliche Duft von Waffeln durch den Raum. Benno schnuppert. »Oh, Heidi macht Waffeln. Bestimmt zur Feier des Tages.« Er lacht.

Ja, und dann gibt es tatsächlich Waffeln und Kakao. Caro sitzt mit Benno, seinen drei Geschwistern und seiner Mutter um den Tisch. Ein Adventskranz steht darauf. Es leuchtet schon die dritte Kerze. Die Kinder essen Waffeln.

»Lecker sind die!«, sagt Caro.

Heidi strahlt. »Es ist schön, dass du Benno besuchen kommst!«, erklärt sie. »Wie weit seid ihr mit dem Lernen?«

Caro grinst. »Schon fertig.«

»Oh«, macht Heidi. »Dann können wir noch ein wenig spielen!« Und sie holt einen ganzen Stapel Spiele her.

Caro sieht immer wieder auf den Adventskranz.

»Was ist mit dem Kranz?«, fragt Heidi irgendwann.

»Wir haben in diesem Jahr keinen«, meint Caro bekümmert.

»Warum?« Der kleine Berti staunt.

»Ihre Eltern haben sich gerade getrennt«, erklärt Benno.

»Ach so«, macht Berti verständnisvoll. Um direkt danach Caros Männchen hinauszuwerfen.

Spät erst kommt Caro nach Hause. Sie hat sich bei Benno und seiner Familie richtig wohl gefühlt. Endlich einmal konnte man wieder richtig ausgelassen spielen.

Oma fragt, wie es war. Mutti fragt, wie es war.

»Gut«, sagt Caro.

Sven fragt, wie es war.

»Gut«, will Caro wieder sagen, aber sie kommt nicht dazu. Denn Sven beginnt einen Bericht über sein erstes richtiges Fußballtraining und dass der Trainer ihn gelobt und gesagt hat, er sei eine absolute Bereicherung für die Mannschaft.

»Klar bist du eine absolute Bereicherung«, sagt Caro liebevoll.

Dann fragt auch noch Opa Caro, wie es bei Benno war.

»Supercool«, sagt Caro. Und dann erzählt sie Opa von dem kleinen Hund, vom Spielen und von den Waffeln.

Sie erzählt nicht, dass Bennos Vater geprügelt hat. Irgendwie hat sie das Gefühl, dass sie das besser für sich behalten sollte.

Aber sie denkt abends noch darüber nach. Was es für schlimme Väter gibt! Ihr Vati ist nicht so …

Aber dass Benno wirklich froh ist, dass seine Eltern getrennt sind! Hat nicht Jesus gesagt, man solle sich nicht scheiden lassen?

»Doch«, sagt der Engel, der sich unversehens auf Caros Bett gesetzt hat. »Doch. Die Ehe ist dafür da, dass man den Menschen findet, mit dem man sein Leben teilen will. Mit dem man zusammen leben und arbeiten will. Ob nun gerade alles gut läuft oder ob man Probleme hat.

»Aber Benno ist froh, dass sein Vater weg ist«, wendet Caro ein.

»Ja. Manchmal ist eine Ehe, eine Familie so kaputt, dass man es darin kaum mehr aushalten kann. Dann ist es besser, sie auch offiziell zu trennen. Um diejenigen zu schützen, die leiden. Oft sind das die Kinder.«

Ob das bei Mutti und Vati auch so ist? Caro ist sich nicht ganz sicher. Immerhin heult Mutti andauernd, wenn sie auf Vati angesprochen wird. Ob Vati auch traurig ist?

»Wir wollen Gott bitten, dass er eurer Familie den richtigen Weg zeigt«, schlägt der Engel vor.

Caro nickt.

Und dann betet der Engel: »Guter Gott! Caro ist traurig, ihr Bruder ist traurig, die Eltern sind auch traurig. Es hat solche Probleme zwischen ihnen gegeben, dass sie sich getrennt haben. Hilf du ihnen. Hilf ihnen, den richtigen Weg zu finden. Und führe sie wieder zusammen, wenn das möglich ist. Amen.«

Getröstet legt sich Caro schlafen. Ja, Gott wird das schon richtig machen.

An diesem Abend schreibt Caros Vati einen Brief an Caro, einen ganz lieben Brief. Aber er ist zu traurig, um ihn loszuschicken.

10. Dezember

Heute ist wieder Samstag. Der Samstag vor dem dritten Advent. Wieder einmal schläft noch die halbe Familie, als Caro schon lange wach ist. Vor einer Woche hat sie ihren Brief an Vati geschrieben. Aber der hat noch nicht einmal geantwortet.

Caro ist ziemlich traurig darüber. Aber wem kann sie davon erzählen?

Dem Engel abends. Das stimmt. Der Engel ist überhaupt das einzige wirklich Weihnachtliche in dieser ganzen Adventszeit. Aber der Engel kommt immer nur abends von seinem Regal herunter.

Wenn Caro Sven von Vati erzählt, dann ist der immer ganz traurig. Mutti wird böse oder manchmal weint sie auch. Und bei Oma und Opa ist sich Caro nicht so sicher.

Benno, der hat sie verstanden. Mit Benno kann man über so etwas reden.

Caro richtet sich auf. Sie wird heute noch einmal Benno und seine nette Familie besuchen.

Eine Stunde später ist Caro unterwegs. Mutti schläft noch. Oma war nicht so richtig begeistert, dass Caro schon wieder zu Hubers wollte. »Die Leute schlafen doch bestimmt noch alle«, hat sie gebrummt.

Aber Opa hat Caro gehen lassen.

Jetzt ist sie fröhlich unterwegs durch die verschneiten Straßen. Und sie ist nicht die Einzige. Nein, es gehen schon einige Leute einkaufen, ein alter Mann schippt Schnee und grüßt Caro freundlich.

Caro grüßt zurück und geht weiter. Bis sie zu Hubers Haus kommt. Dort bleibt sie zunächst einmal ratlos stehen.

Alles scheint noch still zu sein. Und eine Klingel kann sie ohnehin nicht entdecken. Nur Putti, die Katze, streicht ihr um die Beine.

Soll Caro wieder umkehren? Ach nein, dazu hat sie auch keine Lust.

Also öffnet sie vorsichtig das Gartentürchen ein Stück weiter und geht durch den verschneiten Vorgarten zum Haus. Auch hier gibt es keine Klingel. Hinter dem Küchenfenster ist aber Licht an.

Caro tritt näher an das Fenster heran. Da erscheint vor dem Fenster plötzlich der kleine Berti, noch im Nachtanzug, und winkt begeistert. Nicht lange danach öffnet sich die Tür und Benno steht vor Caro.

»Wo kommst du denn schon her?«, fragt er entgeistert.

»Ich«, stottert Caro, »ich wollte dich besuchen und da dachte ich …«

Benno grinst. »Komm rein. Ich bin zwar der Einzige, der hier schon angezogen ist, aber das bekommen wir schon hin.«

Kurze Zeit darauf sitzt Caro mit Benno und Berti in der Küche. Die beiden Jungen frühstücken, während sich Caro umsieht. Heute ist hier ein noch größeres Durcheinander als gestern. Anscheinend hat keiner zwischendurch abgewaschen. Aber trotzdem ist es hier richtig gemütlich, mit dem Adventskranz und den Adventskalendern, die an der Wand hängen.

Caro sieht den Jungen zu, wie sie frühstücken. »Ich hab meinem Vati einen Brief geschrieben, letzte Woche«, erzählt sie. »Und er hat einfach nicht geantwortet.«

Benno sieht sie von der Seite an. »Wer hat den Brief eingeworfen?«

»Ich. Wieso?«

»Na ja, man kann ja nie wissen ...«

Caro nickt widerstrebend. Dann fällt ihr Blick auf den kleinen Berti, der immer noch im Nachtanzug herumflitzt. »Sollen wir deinen Bruder nicht mal fertig machen?«

Eine kurze Weile später läuft Berti in Jeans und Pulli durch die Wohnung. Immerhin sind bei der Aktion auch Mirke und Pia, Bennos beide Schwestern, wach geworden. Und übrigens auch Heidi, die mit ganz verwuschelten Haaren und kleinen Äuglein in der Küche auftaucht. »Ich brauche einen Kaffee«, murmelt sie. Und dann mit Blick auf Piffi, die vor der Tür sitzt: »Könnt ihr mit Piffi Gassi gehen?«

Caro sieht Benno an. Benno sieht Caro an. »Okay.«

Die beiden machen sich auf den Weg. Caro darf Piffis Leine halten. Beim Spazierengehen unterhalten sich die Kinder über Weihnachten und Weihnachtsgeschenke, die es nicht oder weniger gibt, wenn die Eltern auseinander sind. »Es gibt Schlimmeres«, meint Benno achselzuckend. »Wenn ich auch unheimlich gerne einen Computer hätte. Aber man kann auch ohne überleben.« Er grinst etwas schräg.

»Wir hatten immer mehrere Computer«, erzählt Caro. »Mein Vater braucht immer einen ziemlich neuen für die Arbeit. Und die alten erbten wir dann oder sie standen herum. Aber jetzt haben wir fürs Erste keinen mehr.« Sie hält inne. »Da ist ja Beatrice!«

Ja, tatsächlich! Die nette Frau aus der Kirche winkt fröhlich zurück, dann läuft sie zu Caro und umarmt sie. »Wie schön, dich zu treffen! Sollen wir wieder singen?« Und sie fängt mitten auf der Straße an zu singen: »Lalala, mein Herr Jesus, lalala, mein Herr Jesus. Er kam für mich, lalala, mein Herr Jesus.«

Caro zögert einen Moment. Was sollen die Leute sagen, wenn sie hier mitten auf der Straße herumsingt? Doch Beatrice ist so fröhlich und lacht so nett und singt so schwungvoll, da muss Caro einfach mitsingen.

»Kommst du morgen wieder in die Kirche?«, fragt Beatrice.

Caro nickt.

Beatrice lacht. »Dann werden wir denen mal zeigen, wie man singen kann!« Sie winkt Caro noch einmal fröhlich zu und geht dann, ihren Einkaufskorb schwenkend.

Benno sieht Caro verwundert an. »Woher kennst du Beatrice? Und was meinte sie mit ›morgen‹?«

Caro lacht. »Ich war am letzten Sonntag mit meinen Großeltern in der Kirche, da habe ich Beatrice getroffen. Und wir hatten viel Spaß zusammen.«

»Kann man denn in der Kirche Spaß haben?«, wundert sich Benno.

»Ja klar. Obwohl es hier keinen Kindergottesdienst gibt wie zu Hause.«

»Na gut. Lass uns mal wieder nach Hause gehen. Sonst wundert sich Heidi, wohin wir verloren gegangen sind.«

Als die beiden zurückkehren, hat Heidi gerade einen Adventskranz gebunden und schmückt ihn nun mit Kerzen und Kugeln.

»Wie findest du ihn?«, fragt sie Caro.

Caro schluckt. »Schön. Sehr schön. Wofür brauchst du ihn?«

»Ich brauche ihn gar nicht. Aber du brauchst ihn«, lacht Heidi.

Caro spielt noch eine Weile mit Bennos kleinen Geschwistern, dann kehrt sie nach Hause zurück.

Oma macht große Augen, als sie Caros Adventskranz sieht. »Woher hast du den denn?«, fragt sie misstrauisch.

»Den hat mir Heidi geschenkt«, sagt Caro. »Darf ich ihn hier auf den Tisch stellen?«

Oma und Opa sehen sich an. Oma nickt.

Wie strahlen Caros Augen, als beim Mittagessen die Kerzen angezündet werden!

Nachmittags geht sie noch mit ihrer Oma und Sven einkaufen. Einen Farbkasten für Caro und einen für Sven. Und dann stehen sie vor der Apotheke. »Wir kaufen Hustenbonbons«, flüstert Oma den Kindern zu. »Bei eurer Mutti.«

Dann marschieren sie zu dritt in die Apotheke hinein. Mutti erklärt gerade einem alten Herrn, was er bei der Einnahme seiner Medikamente beachten muss. Sven und Caro stellen sich hinter ihm an.

Als er fertig ist, sieht Mutti die Kinder an. »Guten Tag, die Herrschaften. Womit kann ich Ihnen weiterhelfen?«

Sven kichert. »Wir wollen Hustenbonbons kaufen!«

Da bedient Mutti die Kinder wie zwei ganz normale Kunden. Aber dabei lacht sie.

Abends erzählt Caro dem Engel von ihrem Adventskranz.

»Das war doch lieb von Heidi, dass sie mir den Kranz gemacht hat, oder?«, fragt sie.

Der Engel nickt. »Diese Geschenke, die aus Liebe für jemanden gemacht werden, das sind die allerbesten. Magst du eine Geschenkgeschichte hören?«

Caro nickt.

»Also, hör zu:

Kathi hatte alles, was sie sich wünschte. Wenn sie irgendetwas haben wollte, so kaufte ihre Mutter es ihr sofort. Darum war ihr Kinderzimmer vollgestopft mit Spielzeug.

Kathi wusste schon gar nicht mehr, womit sie spielen sollte.

Als nun wieder einmal Weihnachten näher kam, fragten ihre Eltern sie, was sie sich zu Weihnachten wünsche.

›Was wünschst du dir denn?‹, fragten die Eltern jeden Tag.

Aber Kathi zuckte nur mit den Schultern.

Das wäre ein trauriges Weihnachtsfest geworden, wenn nicht die Großmutter zu Besuch gekommen wäre.

Der klagte die Mutter ihr Leid. ›Sie kann sich gar nicht mehr freuen‹, klagte sie.

›Ich werde mit dem Kind sprechen‹, sagte die Großmutter und sie ging zu Kathi ins Zimmer. Sie sah die vielen Spielsachen, sie sah Kathi, die unschlüssig mitten dazwischen hockte. Und sie wusste, was falsch lief.

›Hör mal, Kathi‹, sagte sie.

›Ja?‹ Kathi hob lustlos den Kopf. ›Willst du etwa auch wissen, was ich mir zu Weihnachten wünsche?‹

Die Großmutter schüttelte den Kopf. Und sie erzählte Kathi von den Flüchtlingskindern, mit denen sie ab und zu einen Nachmittag verbrachte. ›Manche von diesen Kindern haben kein einziges Spielzeug‹, erzählte sie.

Kathi war schon immer ein großzügiges Kind gewesen. Sie begann sofort zu packen. An Heiligabend ging sie vormittags mit der Großmutter ins Flüchtlingsheim und verteilte ihre Spielsachen an die Kinder dort.

Und was ein neues Geschenk nicht zuwege gebracht hatte, das schafften die leuchtenden Kinderaugen: Kathi empfand Freude, eine große Freude. Es wurde der fröhlichste Heiligabend ihres Lebens. Und als eines der Kinder ihr ein selbst gemaltes Bild schenkte, hatte sie das schönste Weihnachtsgeschenk ihres Lebens bekommen.«

11. Dezember

Heute ist schon der dritte Advent. Caro liegt morgens in ihrem Bett und denkt nach. Vieles ist passiert in den zwei Wochen seit dem ersten Advent, als Mutti mit ihr und Sven von Zuhause ausgezogen ist!

Inzwischen hat sie sogar Freunde hier gefunden. Trotzdem vermisst sie ihren Vati so sehr!

Immerhin hat sie nicht nur Benno, sondern auch die nette Beatrice kennengelernt. Die wollte doch heute wieder in den Gottesdienst kommen …

Caro richtet sich auf. Sie will doch in den Gottesdienst!

Schnell macht sie sich fertig und läuft dann die Treppe hinunter. Dort sitzen Oma und Opa am Küchentisch. Die dritte Kerze am Adventskranz brennt. An Caros Adventskranz.

»Bin ich noch rechtzeitig?«, fragt Caro atemlos.

»Rechtzeitig wofür?«, fragt Opa erstaunt.

»Rechtzeitig für die Kirche«, erklärt Caro.

»Ja sicher, mein Kind. Du kannst noch in Ruhe frühstücken.«

Und das tut Caro. Während sie isst und auf ihren Adventskranz sieht, fällt ihr etwas ein. »Wann kaufen wir eigentlich den Tannenbaum?«, fragt sie.

Opa und Oma sehen sich an. »Wir haben in den letzten Jahren nie mehr einen gehabt«, meint Oma schließlich. »Ich glaube nicht, dass wir einen holen.«

»Och bitte, Oma!«

Aber Oma schüttelt den Kopf.

Später machen sie sich auf in die Kirche. Dort angekommen, sieht sich Caro sofort nach der netten Beatrice um.

Die kommt schon direkt angelaufen und nimmt Caro

herzlich in die Arme. »Da ist ja meine Freundin!«, ruft sie. »Sitzt du heute bei mir?«

Caro sieht sich nach Oma und Opa um. Die haben sich schon neben ein paar andere Leute gesetzt.

»Okay«, sagt Caro.

»Dann komm mit!« Ohne Umstände nimmt Beatrice Caro bei der Hand und zieht sie mit sich ganz nach vorne. Dort spricht sie den Pfarrer an. »Das ist Caro. Wir beide, wir wollen der Gemeinde heute etwas singen. Und alle singen mit!« Sie strahlt den Herrn Pastor an.

Und der scheint gar nicht so langweilig zu sein, wie Caro gedacht hat. Zu Caros gelindem Schrecken sagt er: »Das ist eine schöne Idee. Ihr könnt gleich nach der Begrüßung singen. Wie heißt das Lied, damit ich es ankündigen kann?«

Richtig peinlich ist es Caro, als Beatrice sie nach vorne vor den Altar zieht und dann zu singen beginnt.

»Lalala, mein Herr Jesus, lalala, mein Herr Jesus. Er kam für mich, lalala, mein Herr Jesus.« Sie singt mit ihrer rauen Stimme, wippt im Rhythmus hin und her.

Caro gibt sich einen Ruck und singt mit. Der Pastor fällt nach der nächsten Strophe ebenfalls ein und nach und nach die ganze Gemeinde.

Der Organist spielt eine rhythmische Begleitung. Beatrice beginnt, mit den Fingern zu schnipsen. Es wird ein wunderbares fröhliches Singen.

Zu Caros Verwunderung wird sie nach dem Gottesdienst von ihrer Klassenkameradin Mia angesprochen: »Hey, das war ja mal 'ne coole Einlage, die ihr da gebracht habt! Sag mal, hast du Lust, heute Nachmittag mit mir Ski fahren zu gehen?«

»Ich kann nicht Ski fahren«, murmelt Caro verlegen.

»Was? Du kannst nicht Ski fahren? Das kann doch jedes Baby!«, lacht Mia.

»Ich eben nicht«, zischt Caro und stapft hinter Oma und Opa her, die schon auf dem Weg nach Hause sind.

Obwohl sie eben noch einen solchen Spaß gehabt hat, ist Caro nun richtig schlecht gelaunt.

Nichts kann sie. Nichts darf sie. Dieser Advent ist sowieso scheußlich. Natürlich hat sie sich jetzt schon wieder vollkommen blamiert. Erst in der Öffentlichkeit singen, dann noch nicht einmal Ski fahren können.

»Was ist mit dir los, Caro?«, fragt Opa liebevoll. »Was ist dir denn für ein Läuschen über die Leber gelaufen?«

»Gar keins!«, faucht Caro.

»Wie redest du denn mit dem Opa?«, fragt Oma streng.

»So, wie ich eben will!«, schreit Caro und läuft wütend ins Haus. Keiner versteht sie. Keiner.

Caro stürmt an der verwunderten Mutti vorbei die Treppe hoch, reißt die Tür ihres Zimmers auf, stürmt hinein und knallt die Tür hinter sich zu. Sie wirft sich auf ihr Bett und weint.

Sven guckt zur Tür hinein. »Was ist mit dir?«

»Lass mich in Ruhe!«, schluchzt Caro.

Sven steht noch eine Weile neben ihr, dann geht er.

Nach einer Weile kehrt er zurück. »Du sollst Mittagessen kommen«, richtet er aus.

»Kein Hunger«, schnieft Caro.

Sven bleibt wiederum eine Weile stehen, bevor er geht. Leise klappt die Tür hinter ihm zu.

Nach einer Weile fühlt Caro sich sacht am Bein gestupst. Etwas Kühles, Sanftes berührt ihre Hand.

Caro dreht sich um. Barney. Das ist Barney, der da steht

und ganz leise mit dem Schwanz wedelt. Er sieht Caro an, als verstehe er ganz genau, dass sie Kummer hat, und wolle sie jetzt trösten.

Caro setzt sich zu Barney auf den Boden und nimmt ihn in den Arm.

Der Hund schleckt ihr die Hände, die Arme, das Gesicht.

»Hey, Barney, nicht küssen«, kichert Caro. Sie krault den Hund. Der legt sich auf den Rücken. Caro krault ihn am Bauch, ganz lange. »Du bist mein bester Freund«, sagt sie leise zu Barney. »Na ja, neben Benno. Und neben Sven und Vati und Opa.« Sie denkt nach. »Eigentlich war ich ziemlich zickig eben. Vielleicht sollte ich mal runtergehen.« Sie sieht Barney an. »Aber ich trau mich nicht. Oder doch?«

Barney stupst Caro mit der Schnauze und sieht sie erwartungsvoll an.

»Ja, ja. Ist ja okay.« Caro steht auf, öffnet leise die Tür und geht die Treppe hinunter.

In der Küche sitzen Oma, Opa, Mutti und Sven zusammen beim Essen. Sie sind schon beim Nachtisch. »'tschuldigung, dass ich so zickig war«, murmelt Caro.

Opa strahlt. »Ist schon in Ordnung. Komm, meine große Enkeltochter, setz sich neben mich!«

Nach dem Essen sitzt Caro noch eine Weile mit Opa zusammen. Barney hat sich unter ihren Stuhl gelegt. Manchmal bückt sich Caro und streichelt ihn ein wenig.

»Der Barney, der hat sich richtig an dich gewöhnt«, stellt Opa fest.

Caro strahlt. Sie mag Hunde so sehr.

Barney setzt sich auf und sieht Caro an. »Guck mal, Opa, der merkt, dass wir von ihm reden!«

»Ja, genau. Das tut er.« Opa nickt.

Barney beginnt, mit der Pfote auf Caros Bein zu tatzeln. »Was will er denn jetzt, Opa?«, fragt Caro verwundert. »Will er etwa von deinem Kaffee abhaben?«

Opa lacht. Ich denke eher, er möchte, dass du mit ihm rausgehst.«

Das ist eine gute Idee, findet Caro. Sie lässt sich die Leine geben und macht sich mit dem Hund auf den Weg.

Einen schönen Spaziergang macht Caro mit Barney, der überall herumschnüffelt und überall seine Nase hineinsteckt.

Mit einem Mal jedoch läuft er los. »Halt!«, ruft Caro, die ja immerhin am anderen Ende der Leine hängt. »Halt doch an, Barney!«

Aber den Hund scheint das nicht zu interessieren. Er läuft und läuft, die Leine strafft sich, Caro kann nur noch hinterherschlittern. Bis Barney plötzlich vor Piffi steht. Am anderen Ende von deren Leine befindet sich Benno, der Caro verwundert angrinst. »Ist Barney dein Hund?«

Caro schüttelt den Kopf. »Nein, er gehört Oma und Opa. Aber ich darf mit ihm spazieren gehen.«

Grinsend sehen die beiden Kinder den Hunden zu, die einander begeistert beschnüffeln. Piffi springt ein wenig an Barney hoch und schon sind die beiden in die schönste Toberei verwickelt. Was die Folge hat, dass Benno und Caro bestimmt zehn Minuten damit beschäftigt sind, die Leinen wieder zu entknoten.

»Gibt es eigentlich Hundegeschichten in der Bibel?«, fragt Caro den Engel abends. »Hunde sind so nett.«

Der Engel überlegt. »Hunde tauchen eher am Rand auf. Es gibt ein paar Sprichworte mit Hunden. Zum Beispiel: Wer vorbeikommt und mischt sich in fremden Streit, der ist wie einer, der den Hund in die Ohren zwickt.«

12. Dezember

In der Schule fühlt sich Caro inzwischen wohl. Vor der ersten Stunde unterhält sie sich mit Benno und Steffen auf dem Schulhof. In den Pausen steht sie meistens mit irgendwelchen anderen Mädchen zusammen.

Heute beginnt Frau Schreiber den Unterricht mit Kunst. Alle Kinder holen ihre Blöcke, dazu Buntstifte.

»Ich möchte gerne, dass ihr eure Familie zeichnet«, erklärt Frau Schreiber. »Euch und eure Familie.«

Das ist ja ein ulkiges Thema, findet Caro. Aber eigentlich nicht das Schlimmste.

Caro malt Mutti, Oma und Opa auf die eine Seite, sich und Sven in die Mitte und Vati auf die andere Seite. Neben sich selber malt sie noch Barney. Der ist gar nicht so einfach.

»Was machst du denn da?«, hört sie plötzlich Jos neugierige Stimme. Er sieht verwundert auf Huberts Papier.

Sofort müssen alle natürlich sehen, was Hubert da gemalt hat. Und das ist nicht uninteressant. Ganz, ganz viele kleine Männchen und Frauchen tummeln sich auf seinem Blatt.

»Du hast aber eine große Familie«, kichert Caro.

»Das sind meine Eltern, Großeltern, Urgroßeltern, Ururgroßeltern, Urururgroßeltern«, erklärt Hubert mit ernster Miene. »Ich bin aber noch nicht fertig. Da müssen noch einige dazu.«

»Frau Schreiber, müssen wir alle unsere Vorfahren mit auf das Blatt malen?«, fragt Benno verwundert.

»Ihr müsst nicht, aber ihr dürft natürlich einige von euren Vorfahren, die euch besonders wichtig sind, dazumalen«, sagt die.

Und da malt Witzbold Steffen doch tatsächlich einen Mann und eine Frau in Unterwäsche, mit einer Schlange und einem Apfel! »Wir stammen doch alle von Adam und Eva ab«, erklärt er grinsend.

Während noch die ganze Klasse kichert, sieht Caro wieder auf ihr Bild. Man könnte Oma eine Kaffeetasse in die Hand geben und Opa vielleicht einen Besen, überlegt sie. Da hört sie ein leises Schluchzen hinter sich.

Verwundert dreht Caro sich um. Wer weint denn da? Es ist ihre Klassenkameradin Mia, die, die Caro gestern in der Kirche ausgelacht hat. Aber jetzt sitzt sie da vor einem leeren Blatt und weint. Ganz leise. Nur die Tränen tropfen auf das leere Blatt.

»Ey, Mia, was ist denn los?«, fragt Caro.

»Ich kann meine Familie nicht malen«, murmelt Mia.

»Aber warum denn nicht?«

»Weil das zu kompliziert ist. Ich weiß ja noch nicht einmal, wer eigentlich zu meiner Familie gehört ...« Und dann erzählt sie, dass ihre Eltern sich haben scheiden lassen, dass ihre Mutter neu geheiratet hat, einen Mann, der selber schon einen Sohn hat, und dann noch zwei Kinder mit ihm bekommen hat – Halbgeschwister von Mia. Und Mias Vater hat auch eine neue Freundin, aber keine weiteren Kinder, eben nur Mia und ihren Bruder Bernd.

Caro macht große Augen. Das ist wirklich schwierig zu malen! Mia gehört ja zu allen!

Schließlich hat Caro eine Idee. »Mal doch jede Familie einzeln«, schlägt sie vor, »aber ohne dich. Und dich malst du in die Mitte dazwischen. Und um jede Familie machst du einen Kreis mit dir drin. Du stehst dann genau in der Schnittmenge. Wie im Mathebuch.«

Mia denkt nach, nickt. »Danke. So mache ich es.« Und sie beginnt zu zeichnen.

In der Pause spricht Mia Caro an. »Danke, dass du mir geholfen hast. Übrigens, soll ich dir Ski fahren beibringen? Wir haben Skier im Keller. Ich könnte dir welche leihen ...«

Caro nickt. »Wann denn?«, fragt sie eifrig.

»Gleich heute Nachmittag?«

Caro will gerade begeistert zustimmen, da fällt ihr Blick auf Benno. Er steht etwas abseits wie meistens. Als er Caros Blick bemerkt, grinst er ihr zu. Benno kann auch nicht Ski fahren, das weiß Caro. Und er hat gehofft, dass ihn Caro heute noch einmal besuchen kommt ...

»Sag mal, hättest du vielleicht auch Skier für Benno?«, fragt Caro zögernd.

Mia sieht etwas verwundert drein, dann lacht sie. »Okay, dann mache ich heute Nachmittag meine eigene Skischule auf!«

Abends wundert sich Caro immer noch. Da hat sie doch einfach nur dem Mädchen helfen wollen – und da ist fast so etwas wie eine Freundschaft daraus geworden. Den halben Nachmittag über haben sie zu dritt auf dem Hang geübt und am Schluss konnte sich Caro immerhin schon halbwegs auf den Brettern halten.

Nach und nach gesellte sich noch die halbe Klasse dazu, sodass sie richtig viel Spaß hatten. Caro hatte das Gefühl, dass auch Mia Spaß an ihrem Lehrerdasein gewann. »Ich glaube, du musst mal Lehrerin werden«, sagte Caro. »Du kannst so gut erklären.«

»Meinst du?«, fragte Mia. Aber sie freute sich.

Irgendwann tauchte auch Sven mit seinen neuen Freunden auf. Weil Caro den Schlitten nicht brauchte, holte er ihn sich und dann saßen die Jungen zu mehreren auf dem

Holzschlitten und sausten in einem gewaltigen Tempo den Hang hinunter, wieder und wieder.

Jetzt liegt Caro im Bett und erzählt dem Engel von ihren Erlebnissen.

Der sagt: »Helfen ist immer gut. Selbst wenn man nicht direkt eine Wirkung sieht, wie es jetzt bei dir war, bewirkt es etwas Gutes.«

Caro lacht. »Hast du eine Geschichte dazu?«

Der Engel nickt. »Hör zu:

Marie hatte liebe Eltern, eine süße kleine Schwester, eine nette Großmutter und ging in eine Schule, in der sie sich wohlfühlte. Man könnte sagen, alles war perfekt. Wenn da nicht diese Nachbarin gewesen wäre!

Die alte Frau Bock meckerte in einem fort. Spielte Marie mit ihrer kleinen Schwester im Garten, konnte sie sicher sein, dass innerhalb kürzester Zeit Frau Bock ihren Kopf über das Balkongitter streckte und meckerte: ›Müsst ihr so laut spielen? Da brummt einer alten Frau ja der Kopf! Keine Rücksicht nimmt die Jugend von heute! Ich werde mich bei euren Eltern beschweren!‹

Regnete es draußen und kehrte Marie nach Hause zurück und ging die Treppe hoch, öffnete sich mit Sicherheit die Wohnungstür, Frau Bock steckte ihre spitze Nase heraus und keifte, Marie mache die ganze Treppe schmutzig und nun müsse ihre Mutter einmal extra die Treppe wischen.

So kam es, dass Marie in ständiger Angst vor der mürrischen Nachbarin lebte.

An einem Tag nun kam sie dazu, wie die Nachbarin gerade, mit mehreren Einkaufstaschen beladen, vom Einkaufen heimkehren wollte.

Marie wechselte sofort auf die andere Straßenseite.

Da hörte sie mit einem Mal einen dünnen Schrei und danach ein Rutschen und Rumpeln.

Marie sah sich suchend um und erblickte Frau Bock, die mürrische Nachbarin. Sie war ausgerutscht und hatte dabei ihre Tüten verloren. Deren Inhalt ergoss sich über den ganzen Bürgersteig.

Ein paar Kinder lachten. Die Erwachsenen machten einen Bogen um die alte Frau und ihre Sachen.

Marie war ein hilfsbereites Mädchen. Und hatte sie auch etwas Angst vor Frau Bock, tat sie ihr doch jetzt leid.

Also überquerte sie wiederum die Straße und begann, die Einkäufe wieder in die Tüten zu sammeln.

Die alte Frau lag immer noch am Boden. ›Soll ich Ihnen aufstehen helfen?‹, bot Marie schüchtern an.

›Mein Fuß‹, stöhnte die Nachbarin. ›Hol lieber deine Mutter.‹

Und das tat Marie. Frau Bock kam ins Krankenhaus, denn sie hatte ihren Knöchel gebrochen.

Und wie ging es weiter? Nein, Frau Bock wurde nicht von einem Tag auf den anderen eine andere. Sie schimpfte immer noch ab und zu. Sie war noch immer mürrisch.

Aber sie bedankte sich bei Marie. Marie hatte nicht mehr so viel Angst vor ihr. Und Frau Bock wurde mit der Zeit, so nach und nach, doch noch etwas freundlicher. Und das alles, weil Marie hilfsbereit und freundlich gewesen war.«

An diesem Abend kauft Caros und Svens Vati einen Kuschelhund für seine große Tochter Caro zu Weihnachten. Und für Sven ein Tischfußballspiel. Aber dann steht er ratlos vor den Geschenken und fragt sich, ob die Kinder sie wohl jemals bekommen werden.

13. Dezember

»Heute Nachmittag backe ich Plätzchen. Wer möchte, darf mitbacken«, kündigt Oma heute schon beim Frühstück an. Da freut sich Caro, denn Plätzchen backt sie gerne.

Sie beeilt sich nach der Schule kräftig mit den Hausaufgaben und schon bald steht sie in der Küche parat.

»Oma, hier bin ich. Wann geht es los mit Plätzchenbacken?«

Oma lacht. »Der Teig liegt schon im Kühlschrank. Hol doch schon einmal deinen Bruder!«

Sie wischt noch den Tisch ab und holt das große Backbrett.

Oma rollt den Teig selber aus. »Ihr dürft schon einmal die Ausstechförmchen holen«, meint sie.

Und dann sitzen Sven und Caro da und bestaunen die vielen, vielen Ausstechförmchen, die Oma hat.

Da gibt es die verschiedensten Sterne. Tannenbäume und Zapfen, Engel und einen Nikolaus. Und dann hat Oma noch Tiere über Tiere. Schildkröten und Affen, eine Kuh und Schafe und noch viele mehr.

Caro sieht sie sich eine Weile an. Dann nimmt sie sich ein Hundeförmchen und beginnt auszustechen.

Sven schnappt sich einen Löwen und sticht drauflos.

»Was hat ein Löwe denn mit Weihnachten zu tun?«, fragt Caro ihren Bruder.

»Nichts«, erklärt Sven. »Und was hat ein Hund mit Weihnachten zu tun?«

Caro überlegt. »Vielleicht hatten die Schäfer Hunde. Die Hirten, weißt du, die auf dem Feld gewacht haben und die dann zuerst den Heiland sehen durften.

»Vor allem hatten sie Schafe«, erklärt Sven und geht dazu über, Schafe auszustechen.

Mutti kommt von der Arbeit nach Hause und setzt sich mit einer Tasse Kaffee zu den Kindern.

Inzwischen werden Sven die Schafe zu langweilig und er sticht lieber Engel, Autos und dann eine seltsame Form aus, die man nicht recht deuten kann.

»Was ist das?«, erkundigt sich Caro misstrauisch. Caro, die immer noch Hunde über Hunde aussticht.

Sven legt den Kopf schief. »Vielleicht eine Glocke? Oder vielleicht gehört es anders herum. Vielleicht … vielleicht … Oma, was ist das?«

Oma wirft einen schnellen Blick auf das Förmchen. »Das ist, glaube ich, ein Geschenk.«

Sven nickt zufrieden. »Geschenke gehören auch zu Weihnachten.«

»Wenn wir auch diesmal nicht so viele bekommen«, murmelt Caro.

»Was wünschst du dir?«, erkundigt sich Sven neugierig.

»Wenn wir genug Geld hätten, würde ich mir Skier wünschen«, meint Caro. »Aber so wünsche ich mir … wünsche ich mir … ein Bild von Barney.«

»Du bist wirklich hundeverrückt, mein Kind«, bemerkt Oma kopfschüttelnd, während sie ein Hundeplätzchen nach dem anderen auf das Blech legt.

Sven nickt. »Ja, sie ist hundeverrückt. Ich nicht. Ich wünsche mir kein Bild von einem Hund. Ich wünsche mir ein Bild von Vati.« Ein seltsames Schweigen herrscht plötzlich in der Küche.

Sven scheint es nicht zu merken. Er plaudert fröhlich weiter. »Ich weiß noch gar nicht, was ich Vati schenke.«

»Am besten etwas, was in einen Briefumschlag passt«, knurrt Caro.

»Wieso?«

»Na, weil du es ihm nicht wirst in die Hände drücken können …«

»Was?« Sven sieht auf einmal ganz entsetzt aus. »Weihnachten kommt Vati auch nicht?«

Jetzt mischt sich auch noch Mutti ein. »Nein, der kommt gar nicht mehr. Der hat sich so unmöglich benommen, der verdient es nicht, eine neue Chance zu bekommen!« Sie läuft aus der Küche und knallt die Tür hinter sich zu.

Sven schweigt. Caro schweigt. Oma schweigt.

Sven schluchzt leise vor sich hin.

Da sagt Caro leise: »Jesus hat immer allen eine neue Chance gegeben.«

Caro sieht, dass Oma ganz komisch guckt. Da piepst der Kurzzeitwecker, das erste Blech Plätzchen ist abgebacken. Oma zieht die duftenden Plätzchen aus dem Ofen und schiebt das nächste Blech hinein.

Abends erzählt der Engel Caro wieder eine Geschichte. Eine Geschichte aus der Bibel.

»Zachäus«, so erzählt der Engel, »war ein Zöllner. Damals arbeiteten die Zöllner anders als heute. Sie waren nicht angestellt und hielten sich nicht an feste Regeln, wie die Zöllner das heute tun. Nein, sie bezahlten den Römern Geld dafür, dass sie an einer bestimmten Stelle Zoll kassieren durften. Und wenn sie den Menschen viel Geld abnahmen, dann verdienten sie eben viel.

Viele Zöllner konnten der Versuchung nicht widerstehen und nahmen den Menschen so viel Geld ab, dass sie selber reich wurden. Kleine egoistische Gauner waren sie. Und deshalb konnte eigentlich keiner die Zöllner so richtig leiden. ›Das sind Verbrecher‹, sagten die Leute. Und sie versuchten, möglichst wenig mit ihnen zu tun zu haben.

Dadurch waren die Zöllner viel unter sich, und so manch einer litt darunter sehr. So auch Zachäus. Zachäus war ziemlich klein, darum hatten sie ihn schon als Kind immer ausgelacht.

Dann wurde er erwachsen und da kam ihm eine Idee: Er würde Zöllner werden, dann wäre er wichtig, denn alle Leute müssten bei ihm Geld bezahlen. Dann würde er nicht mehr alleine sein.

Aber das Gegenteil war der Fall: Mit dem Zöllner Zachäus wollte erst recht keiner mehr zu tun haben. Er nahm den Leuten viel Geld ab, zu viel Geld. Und darum konnte ihn erst recht keiner mehr leiden. Zachäus war allein.

Da hörte er eines Tages von diesem Wanderprediger, der in die Stadt kommen sollte …«

»Das war Jesus«, weiß Caro.

»Genau. Jesus zog ja durch das Land und predigte den Leuten. Und Zachäus war neugierig. Er wollte diesen Mann unbedingt sehen. Also schloss er seine Zollstelle und stellte sich dorthin, wo die Leute auf Jesus warteten.

Aber – hätte er es sich nicht denken können? – er konnte nichts sehen. Er war zu klein. Selbst als er sich auf die Zehenspitzen stellte, konnte er nicht über die Schultern der anderen Leute blicken. Zachäus war enttäuscht. Sollte er jetzt ganz umsonst gekommen sein?

Da hatte er eine Idee. Am Weg stand ein Maulbeerbaum. Schön knorrig war er.

Zachäus stieg kurzerhand auf den Baum und setzte sich

auf einen Ast. Ob die Leute wohl gekichert haben, als sie den erwachsenen Mann dort auf dem Baum sahen?

Aber das war Zachäus egal. Er würde Jesus sehen.

Und da kam er auch schon. Jesus mit seinen Jüngern und einer ganzen Traube von Leuten, die ihm folgten.

Jesus ging und predigte. Und dann blieb er stehen. Genau unter dem Baum.

Zachäus beugte sich hinunter. Er wollte möglichst viel von dem mitbekommen, was Jesus sagen würde.

Aber Jesus sah genau zu ihm auf. ›Zachäus, komm vom Baum herunter‹, sagte er, ›denn ich will heute bei dir zu Gast sein!‹

Zachäus dachte erst, er habe nicht richtig gehört. Er war ein Zöllner, einer, mit dem die Leute nichts zu tun haben wollten. Ob Jesus einen Witz machte?

Aber Jesus sah ganz freundlich zu ihm hoch. Da machte Zachäus, dass er vom Baum herunterkam. Er bereitete zu Haus alles vor. Er bewirtete Jesus und seine Jünger. Er war so glücklich wie schon lange nicht mehr.

Aber weißt du, was draußen vor sich ging?

Draußen standen die frommen Leute und schimpften. ›Dieser Jesus‹, sagten sie. ›Der setzt sich zu den Zöllnern und anderem schlechten Gesindel und isst mit ihnen.‹ Sie schüttelten die Köpfe und konnten es nicht verstehen.

Zachäus aber sagte zu Jesus: ›Ich möchte mich ändern. Ich werde allen Leuten, die ich noch ausfindig machen kann, das, was ich ihnen zu viel abgenommen habe, mehrfach zurückgeben …‹

Und Jesus freute sich. ›Heute ist ein Freudentag‹, sagte er. ›Ich komme ja gerade zu denen, die Fehler gemacht haben.‹«

14. Dezember

In dieser Nacht geschieht etwas Seltsames: Caro wacht auf, weil sie auf die Toilette muss. Leise nimmt sie ihre Taschenlampe und schleicht durch den Flur bis zur Toilette. Auf dem Rückweg ist sie schon ein wenig wacher und sieht, dass durch den Türspalt von Muttis angelehnter Tür ein gedämpftes Licht auf den Flur dringt. Ist Mutti etwa wach?

Vorsichtig öffnet Caro die Tür ein wenig und sieht durch den Spalt. Und da liegt Mutti in ihrem Bett und weint.

Caro läuft zu ihrer Mutti hin und umarmt sie. Mutti nimmt sie in den Arm, und so kuscheln sie eine ganze Weile miteinander, bis Mutti schließlich meint, nun müsse Caro aber wieder schlafen.

Da kehrt Caro in ihr Bett zurück und schläft auch schnell wieder ein. Und am Morgen fragt sie sich, ob sie nur geträumt habe.

Aber Mutti guckt ganz normal und macht sich ganz normal zu ihrer Apotheke auf. Also frühstückt Caro auch ganz normal und geht dann ganz normal in die Schule.

Auf dem Schulhof trifft sie sofort Benno. Er hat anscheinend schon auf sie gewartet. Überhaupt ist er in letzter Zeit immer pünktlich. Ob das mit Caro zu tun hat?

Sven läuft zu seinen Kumpels hinüber, Caro unterhält sich mit Benno. Über Weihnachtsgeschenke.

»Ich würde mir Skier wünschen«, erklärt sie, »wenn wir genügend Geld dafür hätten. Aber an sich ist es ohnehin egal.«

»Was ist egal?«

»Na, was ich bekomme. Ist doch eh ein blödes Weihnachtsfest ohne Vati.«

»Na ja, ich finde ein Weihnachtsfest ohne meinen Vater deutlich friedlicher als eines mit ihm. Hast du schon Geschenke für deine Eltern und deine Großeltern und deinen Bruder?«

Caro zuckt mit den Schultern. »Keine Ahnung, was ich mache …«

»Heidi hat so Farben, damit kann man Stoff anmalen. Dann könntest du ihm ein T-Shirt bemalen«, schlägt Benno vor.

Caro nickt. »Ich guck mal nach. Funktioniert das auch mit einem Kissen? Oma hat mir Kissenbezüge versprochen, davon könnte ich einen nehmen.«

»Klar geht das auch.« Benno grinst etwas schräg. »Dann kannst du mir jetzt vielleicht sagen, was ich den drei Kleinen schenken soll.«

Caro lacht. »Für Mirke auch einen Kissenbezug. Mit Hunden.«

Dann wird sie wieder ernst. »Für Mutti weiß ich vielleicht auch etwas. Wir haben in meiner alten Schule mal solche Sorgenpüppchen gemacht. Aus Wolle. Oder ich bemale ihr eben auch ein Kissen. Aber Oma und Opa …«

»Frag doch deine Mutter«, schlägt Benno vor. »Schließlich sind es ihre Eltern!«

Da bimmelt es zur ersten Stunde und Caro hat keine Zeit mehr, sich um Weihnachtsgeschenke zu kümmern.

Aber mittags, da denkt sie wieder daran. Seit Mutti im Ort arbeitet, isst sie mittags oft zu Hause. Manchmal hat sie sogar eine Stunde frei, dann hilft sie entweder Oma in der Küche oder sie legt sich eine Weile hin, weil sie in letzter Zeit so schlecht schläft, wie sie sagt.

Heute geht sie hoch in ihr Zimmer und Caro weiß wohl,

warum Mutti schlecht geschlafen hat: Sie hat ja geweint. Aber es hilft nun einmal nichts: Caro muss Mutti sprechen.

Caro geht die Treppe hoch. Vor Muttis Tür hält sie inne. Es ist ganz still dahinter. Ob Mutti wirklich schläft?

Eine Weile überlegt Caro, dann drückt sie vorsichtig die Klinke hinunter. Sie wird ganz leise nachsehen, und wenn Mutti schläft, schnell wieder gehen.

Leise, leise öffnet Caro die Tür. Und da sitzt Mutti auf ihrem Bett. In den Händen hält sie ein Foto von Vati.

Caro starrt Mutti an, die sie überhaupt nicht bemerkt hat.

Mutti mag Vati doch nicht mehr – warum sieht sie dann sein Bild so an? Ganz leise macht Caro die Tür wieder zu, dann läuft sie in ihr Zimmer und wirft sich aufs Bett.

Mutti mag Vati noch. Mutti mag Vati noch – ganz offensichtlich. Aber warum ist sie dann ausgezogen? Caro versteht die Welt nicht mehr.

Ob es am Ende doch an ihr selber liegt? Vielleicht weil sie sich nicht benommen hat? Caro seufzt schwer. Das wird der Grund sein.

Das Beste wird sein, überlegt sich Caro, wenn sie einfach wegläuft. Dann können wenigstens die anderen ohne sie glücklich werden.

Caro nimmt ihren Rucksack und packt ein paar Sachen hinein: Unterwäsche, einen warmen Pulli, die Regenjacke.

Gerade als Caro den Rucksack zuschnürt, klopft es leise an ihre Tür. Ertappt lässt Caro den Rucksack los. »Ja?«, sagt sie und steht schnell auf.

Sven steht da und seine Miene ist dermaßen wichtig, dass Caro fast lachen muss.

»Ich muss mit dir sprechen«, sagt er. »Streng geheim.«

Er setzt sich auf Caros Bett. »Wir müssen über die

Weihnachtsgeschenke reden«, erklärt er. »Für Mama weiß ich nichts. Für Oma weiß ich nichts. Für Opa weiß ich nichts.«

»Und für mich?«, versucht Caro einen Witz zu machen.

»Für dich weiß ich etwas. Ich habe es schon fast fertig!«

Oh weh! Sven bastelt! Das wird wohl etwas Heiteres geben! Aber immerhin gibt er sich Mühe …

»Ich habe Mama gefragt und die hat mir so komisches Knetzeug mitgebracht«, berichtet Sven. »Guck mal!«

Jetzt erst bemerkt Caro, dass er unter seinem Pulli eine seltsame rechteckige Ausbeulung mit sich herumträgt. Nun zieht er einen Pappkarton hervor.

Er drückt Caro die Packung in die Hand. »Knetwachs«, steht darauf.

»Das ist zum Kerzenkneten«, meint Caro. »Kann ich etwas abhaben?«

»Ja klar. Geschwister müssen doch zusammenhalten«, erklärt Sven sofort großzügig. »Hilfst du mir dann auch?«

»Klar. Warte, wir nehmen den Tisch hier bei mir im Zimmer zum Kneten.«

Caro räumt schnell den Tisch frei und legt zwei Blätter Papier unter. Dann packt sie die Packung aus und sieht sich den Inhalt an. »Guck, da gibt es verschiedene Farben. Man knetet eine Figur oder so etwas, dann zieht man mit der Nadel hier den Docht durch. Babyeinfach.«

»Ich kann nicht gut kneten«, jammert Sven.

»Hm? Vielleicht einen Schneemann?«

Doch, das ist eine gute Idee! Das sieht Sven ein und er beginnt sofort, die erste Kugel zu formen.

Caro formt währenddessen einen Engel. Für den Opa. Doch, der wird schön. Caro braucht eine ganze Weile dazu.

Währenddessen hat Sven bereits seinen Schneemann fertig und noch eine aufgerollte Schlange geformt. »Ich bin fertig«, erklärt er zufrieden. »Ich habe meine Geschenke fertig.«

Da klopft es an der Tür. »Nein!«, ruft Sven.

»Draußen bleiben!«, ruft Caro.

»Was macht ihr da für einen Unfug?«, hört man Omas misstrauische Stimme. Die Türklinke bewegt sich.

Caro springt auf und wirft dabei den Stuhl um. Der Stuhl trifft Svens Fuß. Sven wimmert auf.

Die Tür öffnet sich. Caro stürzt zur Tür, schiebt Oma ungestüm aus dem Zimmer und schließt die Tür hinter sich. »Bitte, Oma!«, ruft sie atemlos. »Bei mir ist Betreten verboten!«

Oma sieht sie ganz seltsam an, aber dann geht sie. Ein Glück! Caro formt aus den Resten noch einen Apfel mit einem Blatt, dann zieht sie die Dochte durch. »Jetzt muss das Ganze noch ein wenig hart werden«, meint sie. »Am Besten tun wir die Sachen bei mir ins Regal. Dann können wir sie in ein paar Tagen einpacken.«

Als Sven geht, sieht sie hinter ihm her. Es ist schön, einen kleinen Bruder zu haben!

Abends unterhält sich Caro mit dem Engel darüber. »Kommen in der Bibel auch Brüder vor, die so nett sind? Oder Geschwister, die sich gut vertragen?«, fragt sie.

Der Engel überlegt. »Eigentlich wird meistens von zerstrittenen Geschwistern erzählt«, meint er. »Geschwister streiten sich ja auch oft. Aber etwas anderes steht in der Bibel: Wir sind Gottes Kinder und darum Geschwister. Wir sollen zusammenhalten, uns helfen und beistehen. Wie Geschwister eben.«

15. Dezember

Heute ist Donnerstag. Caro will endlich wieder einmal Benno, Heidi und die anderen Kinder besuchen. Außerdem muss sie ja die Kissenhüllen bemalen. Deshalb verabredet sie sich in der Schule für den Nachmittag mit Benno.

Als sie dann aber nach Hause kommt, empfängt Oma sie mit einer Überraschung. »Ich habe Strohhalme vorbereitet«, sagt sie. »Wir können heute Strohsterne basteln.«

Zu jedem anderen Zeitpunkt wäre Caro begeistert gewesen. Aber heute? Heute wollte sie sich doch mit Benno treffen…

»Freust du dich nicht?«, fragt Oma enttäuscht.

»Doch, tu ich ja«, murmelt Caro. »Aber heute habe ich mich mit Benno verabredet. Können wir die Sterne nicht ein anderes Mal machen?«

Oma schüttelt den Kopf. »Die Strohhalme sind jetzt feucht und gerade gebügelt. Die lassen sich heute am Besten verarbeiten.«

Caro hat einen Einfall: »Können wir nicht einfach Benno einladen? Der hat bestimmt auch noch nie Strohsterne gemacht!«

Oma schüttelt unwillig den Kopf. »Darüber wollte ich ohnehin noch mit dir reden, Caro. Es gefällt mir gar nicht, dass du die ganze Zeit mit diesem Benno Huber zusammensitzt. Der kommt aus keiner guten Familie, davon hält man sich besser fern.«

Oh, oh, jetzt wird Caro aber böse! Benno ist ihr Freund hier. Und überhaupt – hat ihr nicht der Engel letztens so eine Geschichte erzählt?

»Also: Erstens sitze ich gar nicht die ganze Zeit über mit

ihm zusammen, nur oft. Zweitens ist seine Familie nicht schlechter als unsere. Und drittens tue ich nur dasselbe wie Jesus!« Herausfordernd sieht Caro ihre Oma an.

Sie weiß, dass Oma eine gläubige Frau ist. Das kann sie bestimmt nicht auf sich sitzen lassen.

Und tatsächlich. Oma fragt sofort missbilligend: »Was soll das heißen: Du tust dasselbe wie Jesus?«

»Jesus hat mit den Leuten gegessen, mit denen kein anderer zusammensitzen wollte. Mit denen, die den anderen zu viel Geld abnahmen und so. Weil er nämlich die Menschen selber ansieht und nicht darauf achtet, was die Leute denken. So! Und Benno ist total nett. Und Jesus hätte sich bestimmt nicht geniert, mit ihm an einem Tisch zu sitzen!«

Oma seufzt. »In Ordnung. Dann ruf von mir aus diesen Benno an und frage ihn, ob er herkommen will.«

Und kurze Zeit darauf sitzen Caro, Sven und Benno mit Oma am Küchentisch. Oma hat eine ganze Menge Strohhalme mitten auf den Tisch gelegt, dann noch Fäden, Scheren und ein scharfes Messer. Nun zeigt sie den Kindern, wie man erst zwei Halme übereinanderbindet, dann die nächsten beiden. »Dann haben wir schon einen einfachen Stern«, meint sie. »Wenn wir die Enden der Halme noch schön abschrägen, dann sieht er schon nett aus.«

Sofort machen die Kinder nach, was die Oma vorgemacht hat. Sven braucht dabei noch eine Menge Hilfe und ganz selbstverständlich geht Benno ihm zur Hand.

Oma sieht ein paarmal zu den beiden hinüber, lässt sie dann jedoch gewähren. Sie selber setzt sich hin und schneidet in ein paar Strohhalme vorsichtig Zacken und Ornamente hinein und setzt aus denen dann einen wunderschönen Stern zusammen.

»Boah, Oma!«, ruft Caro. »Du kannst das aber gut!«

Oma lacht. »Als ich ein Kind war«, erzählt sie, »waren diese Strohsterne oft der einzige Schmuck am Tannenbaum. Mit wenigen Kerzen zusammen. Das sah sehr hübsch aus.« Versonnen sieht sie auf ihren Stern. »In der Adventszeit setzten sich die ganzen Frauen der Familie zusammen und bastelten neue Strohsterne. Da kamen oft richtige Kunstwerke zustande. Noch viel schöner als dieser hier.«

Sven zeigt stolz seinen Stern vor. »Wie findest du den, Oma?«

»Der ist auch wunderschön«, sagt Oma. »Und es war sehr nett von Benno, dir zu helfen, nicht wahr?«

Benno errötet. »Ich habe drei jüngere Geschwister«, meint er. »Da übt sich das.«

Benno hat mittlerweile seinen eigenen Stern fertig. Oma gibt ihm noch Glitzerband. »Vielleicht kannst du ihn deiner Mutter zu Weihnachten schenken?«

Erfreut nickt der Junge. Und er macht sich direkt an den nächsten Stern. Drei Sterne will er seiner Mutter Heidi zu Weihnachten basteln.

Caro bastelt noch einen weiteren Stern. Dann arbeitet sie Benno zu, damit der noch fertig wird an diesem Nachmittag. Sie schneidet die Strohhalme auf dieselbe Länge und hält sie für Benno fest, damit sie nicht immer verrutschen. Sehr schön gleichmäßig wird der Stern dadurch.

»Das habt ihr toll gemacht«, stellt Oma fest und das hört sich gar nicht mehr so an, als hätte sie etwas gegen Benno.

»Oma, magst du Benno jetzt auch?«, erkundigt sich Caro nachher bei ihrer Oma.

Die lächelt. »Er ist ein netter Junge. Und noch geschickt dazu. Von mir aus kannst du ihn wieder einmal einladen.

Aber er müsste mal eine heile Hose haben.« Nun schüttelt sie eher den Kopf. Aber sie scheint wirklich nicht böse auf Benno zu sein.

Caro ist erleichtert.

Der Engel aber erzählt ihr am Abend eine Geschichte über Sterne. Eine ausgedachte, wie er sagt.

»Es war einmal ein kleiner Stern«, so erzählt der Engel, »der war so klein, dass man ihn kaum sehen konnte. Man musste sich wirklich sehr anstrengen, um ihn überhaupt als winziges Pünktchen am Himmel zu entdecken.

Die großen Sterne lachten über den kleinen. ›Du brauchst dich gar nicht anzustrengen‹, so erklärten sie. ›Du kommst doch ohnehin nicht an uns heran. Am besten setzt du dich in eine Ecke und spielst, das kannst du wenigstens.‹

Der kleine Stern war traurig darüber, aber er gab nicht auf. Er polierte seine Strahlen. Er übte morgens vor dem Schlafengehen noch einmal besonders heftig.

Doch seine Anstrengungen waren vergebens. Er stand als winzig kleiner Lichtpunkt am Himmel, den man nur mit allergrößter Anstrengung erkennen konnte.

Da setzte sich der kleine Stern traurig in eine Ecke und weinte.

Nach einer kleinen Weile wurde ihm das Weinen zu langweilig. Er war noch ein sehr kleiner Stern und konnte nicht lange still sitzen.

Also lief er eine Weile herum, hopste auf ein paar dicke Regenwolken, dass die vor Schreck einen ganzen Regenschauer losließen, rutschte ein wenig auf dem Regenbogen entlang und landete dabei auf einer Wiese mit grasenden und blökenden Schäfchenwolken. Eine Weile lief der kleine Stern zwischen den Schäfchenwolken umher, dann hörte er plötzlich etwas, was nicht wie das Blöken eines Schafs klang. Ein ganz leises, verzweifeltes Weinen.

Der kleine Stern war ein freundlicher Kerl und deshalb ging der dem Schluchzen nach. Und was sah er?

Da hockte doch tatsächlich auf der Wiese, zwischen den ganzen Schäfchenwolken, ein kleiner Stern, klein wie er selber, und weinte bitterlich.

›Was ist mit dir?‹, erkundigte sich der kleine Stern mitleidig.

›Ich bin so klein‹, schluchzte das andere Sternchen. ›Man kann mich gar nicht sehen. Ich leuchte gar nicht richtig.‹

Das Problem kannte der kleine Stern nur zu gut. Er sagte mitleidig: ›Du brauchst nicht zu weinen. Ich sehe dich doch.‹ Er überlegte noch eine Weile, dann schlug er vor: ›Wir stellen uns einfach ganz dicht nebeneinander. Dann können wir uns immerhin gegenseitig sehen.‹

Diese Idee gefiel den beiden kleinen Sternen richtig gut. An diesem Abend stellten sie sich ganz dicht zusammen am Himmel auf. Zunächst grinsten die anderen Sterne, dann wunderten sie sich, dann mussten sie lachen. ›Was ist denn das für ein neuer Stern am Himmel?‹, neckten sie die Kleinen. ›Den kann man ja sogar sehen!‹

Die beiden kleinen Sterne strahlten.

Seitdem stehen sie immer gemeinsam am Himmel. Sie leuchten zusammen wie ein großer Stern, und nur wer sich sehr anstrengt, kann erkennen, dass der in Wirklichkeit aus zwei kleinen Sternchen besteht. Die kleinen Sterne aber sind die besten Freunde geworden. Du kannst ja mal gucken, ob du sie am Himmel entdecken kannst…«

»Ich dachte, das war nur ausgedacht«, murmelt Caro müde. »Aber schöööön!«

16. Dezember

Heute will Caro aber wirklich mit dem Anmalen der Kissenhüllen beginnen! Sie verabredet sich mit Benno.

»Du, Oma«, sagt sie zu Hause, »du hast doch gesagt, du könntest mir Kissenhüllen geben.«

Oma sieht sie verwundert an. »Ja, das habe ich. Was willst du denn damit?«

»Weihnachtsgeschenke basteln.«

Oma lacht. »Während du die Hausaufgaben machst, suche ich dir welche heraus.«

Oma hält ihr Versprechen. Einen ganzen Stapel Hüllen gibt sie Caro. »Reichen die?«

»Oma, du bist super!«, ruft Caro und gibt Oma einen Kuss. »Sag mal, Oma … darf ich Benno eine davon abgeben?«

Oma lacht. »Gib ihm ruhig, wenn er welche braucht. Aber sieh zu, dass du auch genügend bekommst.«

»Oma, du bist die Beste!«

Caro macht sich auf den Weg zu Benno und seiner Familie. Wie die sich alle freuen, Caro wiederzusehen! Die kleine Piffi kläfft und springt im Kreis vor Freude, Berti, Pia und Mirke wollen unbedingt und sofort mit Caro spielen und Heidi umarmt Caro erst einmal ganz kräftig. »Wie schön, dich wieder einmal zu sehen!«, ruft sie. »Ich habe die Farben für euch herausgelegt. Am besten blockiert ihr wieder die Küche – die Kleinen können ja draußen spielen.«

Caro tut es ein wenig leid, Bennos Geschwister nach draußen zu scheuchen, doch die scheinen das gewohnt zu sein. Sie bekommen dicke Jacken, Mützen und Handschuhe angezogen und schon bald sieht man sie durch das Küchenfenster draußen herumtoben.

Caro und Benno breiten die Kissenhüllen vor sich aus. »Zuerst male ich eine Hülle für Mama«, beschließt Caro und sie beginnt sofort, eine Familie zu skizzieren.

Benno schielt zu Caro hinüber und dann malt er ebenfalls eine Familie. Seine Familie.

Als Caro mit ihrem Bild fertig ist, malt sie noch ein Auto für Sven. Da malt Benno ebenfalls ein Auto.

»Wir haben noch Hüllen übrig«, stellt Caro fest.

»Wir können für die beiden anderen auch noch eine malen«, schlägt Benno vor.

»Au ja. Hör mal: Ich male für Heidi einen Hund.«

»Da freut sie sich bestimmt.«

Caro malt an dem Hund. Er sieht ein bisschen aus wie eine Mischung aus Piffi und Barney. Caro sieht auf das Bild. »Sag mal ... weint Heidi eigentlich auch immer nachts? Und guckt sie sich Bilder von deinem Vater an?«

»Nee. Ich meine, ich weiß natürlich nicht genau, ob sie mal heult. Aber wenn sie ein Bild von dem Kerl sehen würde, würde sie es bestimmt zerknüllen und in die Tonne schmeißen.« Benno überlegt. »Deine Mutter denn? Weißt du was? Womöglich kommen deine Eltern doch wieder zusammen!«

»Glaub ich nicht.« Caro sieht traurig auf ihr Bild. Immerhin, der Hund sieht lustig aus.

Nun ist auch Benno mit seinen Kunstwerken fertig. Gemeinsam packen die Kinder die Kissenhüllen in Tüten. Eine Tüte für Caro, eine für Benno.

»Und was machen wir jetzt?«, fragt Benno.

»Vielleicht sollten wir deine kleinen Geschwister wieder hereinholen«, meint Caro mit einem Blick auf die verfrorenen Gestalten vor dem Küchenfenster. »Wir könnten ihnen einen warmen Kakao machen.«

Das ist eine gute Idee! Benno fragt Heidi um Erlaubnis, die schon wieder mit der Wäsche beschäftigt ist.

Caro lädt die Kleinen auf einen Kakao ein, die gleich jubeln und ins Haus laufen.

Benno holt Milch und Zucker. »Kakao haben wir aber keinen mehr«, meint er bedauernd.

»Ich habe aber den Kindern Kakao versprochen«, murmelt Caro. Da fällt ihr etwas ein: »Habt ihr Schokolade? Oma macht den Kakao manchmal mit Schokolade. Das schmeckt noch besser!«

Benno holt eine Tafel Schokolade, Caro bricht ein paar Stücke ab und gibt sie mit der Milch in einen Kochtopf. Unter den staunenden Augen der Kinder erwärmt sie unter Rühren die Milch. Ganz langsam schmilzt die Schokolade und es entsteht ein superleckerer Kakao.

Selbst Heidi wundert sich, als sie probiert. »Wie hast du das gemacht?«, fragt sie. »Der schmeckt ja viel besser als sonst!«

»Spezialrezept von Oma«, erklärt Caro grinsend. Und dann erklärt sie, wie es funktionierte.

Die kleine Piffi sitzt derweil unter Caros Stuhl und bettelt. Schwanzwedelnd hockt der Hund da und sieht zu Caro auf.

»Die mag dich total gern«, meint Heidi.

Caro lacht. »Ich mag sie ja auch!«

Und ihren Bruder Sven, den mag Caro auch. Sven, der ihr, wieder zu Hause, ganz stolz erzählt, dass er demnächst auf einem Turnier mitspielen darf.

Abends fragt der Engel Caro, was sie für eine Geschichte hören will.

»Eine mit Hunden hast du ja nicht«, meint Caro. »Dann erzähle eine mit Brüdern.«

Der Engel überlegt. Dann erzählt er: »Jakob hatte zwölf Söhne. Alles Brüder. Der jüngste davon hieß Josef. Und stell dir vor, Jakob bevorzugte Josef die ganze Zeit über.

Seine Brüder fanden das gar nicht lustig. Sie wurden so wütend über Josef, dass sie ihn eines Tages einfach verkauften. Als Sklaven an einen Sklavenhändler.«

»Boah!«

»Ja, für Josef war das nicht so toll. Für seinen Vater übrigens auch nicht. Dem erzählten sie, ein wildes Tier habe seinen Liebling aufgefressen.

Josef wurde in Ägypten an einen reichen Mann verkauft. Josef wird sich wohl oft gefragt haben, warum Gott ihm das antut. Vom Lieblingssohn eines reichen Mannes zum Sklaven. Aber es sollte noch schlimmer kommen.

Josef war tüchtig. Und er versuchte auch als Sklave, seine Arbeit gut zu machen. So wurde er immer weiter befördert, bis er schließlich über alle anderen Sklaven zu sagen hatte.

Die Frau des Ägypters nun wollte mit Josef ihren Mann betrügen. Der junge Sklave gefiel ihr wohl.

Josef machte nicht mit. Da log die Frau ihrem Mann vor, Josef habe sie vergewaltigen wollen.

Josef wurde gar nicht erst befragt, er kam ins Gefängnis.«

»Wie gemein!«

»Ja, Josef war bestimmt sehr unglücklich. Und er fragte sich wieder, warum gerade er so etwas erleiden musste.

Aber er versuchte auch als Gefangener, sich korrekt zu verhalten. Schon bald nahm er dem Gefängnisaufseher Arbeiten ab und versorgte schließlich für ihn die anderen Gefangenen.

Als eines Tages zwei hohe Beamte des Pharaos, des Königs von Ägypten, ins Gefängnis geworfen wurden, war es Josef, der sie versorgte. Und als die beiden dann von seltsamen Träumen geplagt wurden, konnte Josef ihnen mit Gottes Hilfe die Träume deuten.

Eine ganze Zeit später nun träumte der Pharao seltsame Träume. Und da erst fiel einem der Beamten Josef ein.

Josef wurde aus dem Gefängnis geholt und mit Gottes Hilfe konnte Josef dem Pharao seine Träume deuten: Sieben Jahre lang sollte es eine überreiche Ernte geben in Ägypten. Sieben Jahre danach sollte nichts wachsen.

›Am besten lässt du Scheunen bauen und das überschüssige Getreide dort lagern‹, schlug Josef vor. ›Dann habt ihr hinterher genug zu essen.‹

Der Pharao setzte Josef für diese Aufgabe ein und machte ihn zum zweitwichtigsten Mann in seinem Königreich.

Und Josef erfüllte seine Aufgabe wieder gut. Er sorgte dafür, dass in Ägypten noch Getreide vorhanden war, als alle Menschen in den umliegenden Ländern hungerten.

Nun hörte auch Jakob davon, dass in Ägypten Getreide vorhanden war. Er schickte seine Söhne dorthin, um Getreide zu kaufen.

Die Brüder trafen ihren jüngeren Bruder Josef wieder. Sie versöhnten sich, und Josef ließ seine ganze Familie nach Ägypten kommen. Dort wurden sie zu einem richtigen Volk. Gottes Volk. Zum Volk Israel.

Und das alles wäre nicht geschehen, wenn Josef nicht vorher das durchgemacht hätte, was ich dir eben erzählt habe.«

An diesem Abend steht Caros und Svens Vati lange vor der Auslage eines Juweliers und kauft schließlich eine goldene Kette mit einem Herzchenanhänger daran.

17. Dezember

»Zu Hause musste ich nie meine Schuhe selber putzen«, mault Caro. »Zu Hause hat Mutti das immer gemacht!«

»Du bist jetzt hier zu Hause, mein Schatz«, sagt Oma geduldig. »Und deine Mutti ist jetzt berufstätig. Sie ist sehr tüchtig und ihr könnt froh sein, dass sie so schnell eine Stelle gefunden hat.«

Ja, ja, das weiß Caro ja alles. Und irgendwie findet sie es sogar gut, dass Mutti jetzt wieder die Arbeit machen darf, die sie gelernt hat. Aber andererseits …

»Ich bin eben nicht hier zu Hause!«, ruft Caro. »Ich will hier nicht zu Hause sein! Nie und nimmer!«

Und sie wirft die Schuhe gegen die Wand und läuft die Treppe hoch auf ihr Zimmer.

Laut knallt sie die Tür hinter sich zu, damit jeder sehen und hören kann, dass sie allein sein will.

In Caros Zimmer steht der Rucksack. Der Weglaufrucksack. Caro starrt ihn an. Sie braucht noch etwas Proviant, stellt sie fest. Und natürlich Geld. Woher soll sie Geld bekommen?

Nun, sie weiß ja noch nicht einmal, wohin sie abhauen will. Vielleicht zu Vati?

Caro setzt sich aufrecht.

Ja, Caro wird zu Vati ausreißen. Und zwar am besten noch heute Nacht.

Während Caro diese Überlegungen anstellt, geschieht ein paar Straßen weiter etwas anderes, wovon sie nichts weiß.

Caro hat einen Freund gefunden hier in ihrer neuen Heimat. Benno. Und Benno hat gehört, wie unglücklich Caro ist. Er hat sich die Adresse von Caros Vati besorgt. Das war nicht schwer, weil es ja Caros alte Adresse ist, die in ihren Schulbüchern steht. Und nun schreibt er einen Brief.

»Lieber Herr Bayer«, schreibt er. »Ich bin Benno, ein Freund von Caro. Ich bin so froh, dass Caro jetzt hier wohnt, denn vorher hatte ich keinen Freund in meiner Klasse. Aber Caro ist nicht froh. Sie vermisst Sie sehr. Übrigens heult Caros Mutter die ganze Zeit nur herum und guckt sich ein Bild von Ihnen an – und das, obwohl sie hier einen richtig guten Job gefunden hat. Bitte besuchen Sie Caro mal oder schreiben ihr wenigstens zurück, sonst wird Weihnachten für Caro ziemlich entsetzlich.

Mit herzlichen Grüßen

Benno Huber«

Während Benno den Brief in den Postkasten wirft, erlebt Caro eine kleine Überraschung. Mutti kommt nachmittags von der Arbeit zurück und klopft an Caros Zimmertür. Und dann fragt sie Caro doch tatsächlich, ob sie mit ihr ein paar Weihnachtseinkäufe machen wolle!

Caro springt auf. Ja, natürlich will sie das. Sie muss nur noch die Schuhe putzen. »Und ich weiß gar nicht, wie das geht«, meint sie kläglich.

»Wir machen es zusammen«, lacht Mutti. »Dann lernst du es.«

Und dann sitzen sie nebeneinander auf der Treppe und putzen Caros Schuhe.

»Ich bin froh, dass du so groß bist und solche Sachen schon übernehmen kannst«, meint Mutti. »Wo ich doch jetzt arbeite.«

Caro sieht Mutti prüfend an. »Machst du das gerne? Bist du lieber auf der Arbeit als bei uns?«

Mutti nickt. Dann schüttelt sie den Kopf. Und dann sagt

sie langsam: »Weißt du, Caro, bevor du zur Welt kamst, habe ich als Apothekerin gearbeitet. Den Beruf habe ich gelernt und der hat mir großen Spaß gemacht. Dann kamst du zur Welt und später Sven. Ich habe mich so über euch gefreut. Ihr seid das Wertvollste, was ich habe. Und gerne habe ich für euch, als ihr mich so brauchtet, meine Stelle aufgegeben. Aber inzwischen seid ihr größer geworden. Größer und immer selbstständiger. Und da habe ich es mir sehr gewünscht, wenigstens teilweise wieder in meinen Beruf gehen zu können …«

»Aber Vati wollte nicht«, stellt Caro fest.

Mutti seufzt. »Ich wollte, das alles wäre anders gelaufen. Aber jedenfalls macht mir die Arbeit Spaß, verstehst du? Und ich bekomme ja auch Geld dafür. Und deshalb gehen wir beide jetzt ein paar Geschenke kaufen.«

Das hört sich natürlich klasse an, findet Caro. Sie fährt mit Mutti in die nächstgelegene Stadt, dann kaufen sie für Sven eine Burg, für Oma und Opa Bücher und eine Vase, für Barney einen dicken Knochen und schließlich noch für Benno ein Federmäppchen.

»Du bist lieb, Mutti«, sagt Caro und gibt ihrer Mutti einen Kuss. Sich vorzustellen, dass man vielleicht morgen schon nicht mehr bei ihr ist, tut weh.

Caro fällt etwas anderes ein: »Kaufen wir auch etwas für mich?«

Mutti schüttelt lächelnd den Kopf. Aber an ihrem Lächeln kann Caro sehen, dass Mutti bestimmt auch ein schönes Geschenk für sie hat.

Das allerdings wird sie nun wohl gar nicht bekommen, wenn sie morgen wegläuft. Denn dann ist sie ja an Weihnachten nicht da.

Und dann kommt auch noch Sven und umarmt Caro ganz fest und sagt zu ihr: »Du bist meine beste Caro! Ohne dich würde ich es gar nicht aushalten!«

Ob sie nicht lieber doch bleiben soll?

Caro kann sich nicht so recht entschließen. Und dann erzählt auch noch der Engel diese Geschichte.

Natürlich kennt Caro sie, die Geschichte vom verlorenen Sohn. Aber heute, wo sie selber überlegt wegzulaufen, da hört sie sie irgendwie ganz anders.

»Ein Mann hatte zwei Söhne«, erzählt der Engel.

»Beide mussten viel auf dem Hof des Mannes mithelfen. Der eine tat dies brav und ohne Murren. Der andere hatte keine Lust mehr dazu. Er ließ sich vom Vater sein Erbteil auszahlen und lief davon.

Ja, er hatte ja nun das Geld. Das Geld, das ihm zustand. Damit ließ es sich der junge Mann erst einmal gut gehen. Er ging in ein Hotel und wohnte dort. Er veranstaltete Feste und lud viele, viele Leute dazu ein. Und die Gäste kamen in Scharen.

Der junge Mann feierte und gab die ganze Zeit über nur Geld aus. Und irgendwann war das Geld aufgebraucht.

Was sollte der junge Mann jetzt tun? Der Wirt setzte ihn vor die Tür. Keiner will jemanden bei sich wohnen haben, der noch nicht einmal die Miete zahlen kann. Der junge Mann musste auf der Straße übernachten.

Zu essen hatte er auch nichts. Er begann, in Abfällen zu suchen nach irgendetwas, was man noch essen konnte. Er bekam richtig großen Hunger.

Und seine Freunde? Die vielen, vielen Leute, die sich alle hatten von ihm einladen lassen? Die waren alle auf und davon gelaufen. Kein einziger echter Freund war dabei gewesen.

Er war allein, ganz allein.

Weil er so einen großen Hunger hatte und so allein war, irrte er durch die Straßen. Da kam er an einen Bauernhof. Der Bauer erinnerte ihn an seinen Vater. Vielleicht würde der ihm helfen?

›Kannst du mir Arbeit geben?‹, fragte der junge Mann.

Der Bauer brauchte eigentlich niemanden. Aber er bot dem jungen Mann an, bei ihm die Schweine zu hüten.

Und der Junge tat das. Aber wie er so auf dem Boden saß mitten zwischen den grunzenden Schweinen, da passierte zweierlei. Erstens hatte er unheimlich Hunger auf diese graue Brühe, die die Schweine vorgesetzt bekamen.

Und zweitens tat er sich selber unheimlich leid. Er erinnerte sich an die guten Zeiten zu Hause. ›Wäre ich doch bloß nicht weggelaufen‹, dachte er. Und dann: ›Ob mein Vater mich wohl wieder aufnimmt? Vielleicht als Arbeiter? Ja, ich will wenigstens als Arbeiter zurückkehren. Dann geht es mir immer noch tausendmal besser als hier.‹

Und reumütig lief er zurück nach Hause.

Du weißt, wie die Geschichte ausgeht. Der Vater freut sich so über die Heimkehr des Sohnes, dass er ein riesengroßes Fest veranstaltet für ihn.

Der ältere Bruder aber wird neidisch, weil er nicht so groß gefeiert wird. Ich denke mir gerne, dass er dann schnell auch noch seine Freunde einlädt und doch mitfeiert.

Der jüngere aber weiß vermutlich nicht, wie ihm geschieht, als der Vater ihn so freundlich aufnimmt …«

Der Engel nickt vor sich hin.

Caro überlegt. Vielleicht wird sie morgen früh doch nicht weglaufen.

18. Dezember

Heute ist wieder Sonntag. Heute ist schon der vierte Advent. Am Adventskranz, an Caros Adventskranz, brennen alle vier Kerzen.

Caro sitzt mit Oma und Opa beim Frühstück. Sie möchte wieder mit in die Kirche gehen.

»Heute gibt es hinterher noch eine Adventsfeier«, berichtet Opa.

Da freut sich Caro. Und sie ist auch froh, dass sie doch nicht fortgelaufen ist. Fortlaufen kann sie immer noch – jetzt genießt sie erst einmal den Sonntag!

Zu dritt laufen sie durch den Schnee, der immer noch liegt, zur Kirche. Sie kommen am Briefkasten vorbei. Caro mag gar nicht hingucken. Warum wohl Vati ihr einfach nicht geantwortet hat?

Aber in der Kirche, da läuft ihr sofort der Pfarrer über den Weg. »Singt ihr heute wieder euer Lied mit uns?«, fragt er.

Caro sieht ihn verlegen an. »Alleine kann ich das nicht. Dafür brauche ich Beatrice.«

Der Pfarrer lacht. »Vielleicht kommt sie ja noch …«

Caro setzt sich neben Oma und Opa.

Übrigens beginnt der Pfarrer seine Predigt damit, dass er über das Warten erzählt.

»Wie der Engel«, denkt Caro. »Der hat mir auch über das Warten erzählt. Über Zacharias und Elisabeth. Und über Hanna …«

»Gibt es nicht einige biblische Gestalten, die auch lange genug haben warten müssen?«, fragt der Pfarrer in die Runde.

»Doch!«, entfährt es Caro. »Zacharias und Elisabeth zum Beispiel.«

Die Gemeindeglieder lachen. Zum Glück lacht der Pfarrer nicht. »Du hast recht«, sagt er. »Die beiden haben ganz lange warten müssen, bis sich ihr Herzenswunsch erfüllt hat. Weißt du auch, was das war?«

»Ein Kind!«, ruft Caro.

»Genau. Und das Kind wurde ja dann nicht nur geboren und ihnen ihr sehnlicher Wunsch erfüllt, sondern das Kind wurde auch noch ein ganz besonderer Mensch. Johannes der Täufer war derjenige, der den Heiland ankündigen durfte. Die Stimme in der Wüste war er. Aber ich meinte jetzt nicht Zacharias und Elisabeth. Ich meinte eine viel unbekanntere Gestalt. Eine Frau. Eine einzelne Frau.«

Wer soll das wohl sein? Maria vielleicht? Caro überlegt.

»Sie lebte im Tempel …«

»Hanna!«, platzt Caro heraus. »Die Witwe Hanna! Sie wartete auf den Heiland!«

»Du kennst dich aber gut aus«, meint der Pfarrer anerkennend. »Kannst du auch noch weitererzählen?«

Caro wird ganz eifrig. »Sie war nur sieben Jahre mit ihrem Mann verheiratet, da ist er gestorben. Und Hanna hat ganz viel gebetet und war andauernd im Tempel. Und irgendwann wusste sie, dass sie den Retter sehen würde. Sie wartete und wartete, bis eines Tages Maria und Josef mit dem Jesusbaby in den Tempel kamen.«

Der Pfarrer nickt. »Das hast du hervorragend erzählt.« Dann liest er die Geschichte noch aus der Bibel vor. Da ist sie ganz kurz. Und dann erzählt er noch lauter so Sachen, warum Warten unheimlich gesund für den Menschen ist und so.

Endlich ist er fertig. Er sieht sich in der Kirche um und sagt: »Und da ist ja auch unsere liebe Beatrice! Meinst du, du könntest mit Caro zusammen noch einmal das Lied singen?«

Strahlend kommt Beatrice nach vorne, schnappt sich im Vorbeigehen Caro und gibt dem Organisten ein Zeichen. Und dann geht es los.

Am Schluss des Gottesdienstes dankt der Pfarrer Caro als seiner »kleinen Assistentin«, die ihn im Gottesdienst so wunderbar unterstützt hat. Caro ist die Sache furchtbar peinlich. Aber Oma sieht richtig stolz aus.

Schließlich gehen ganz viele Leute in den Gemeindesaal hinüber.

Oma erzählt allen, dass die »kleine Assistentin«, ihre große Enkeltochter ist.

Schließlich setzt sich dann noch der Pfarrer neben Caro. Er ist sehr nett und fragt Caro, woher sie kommt und warum sie jetzt hier wohnt.

Caro erzählt, dass ihre Eltern sich gestritten haben und sie jetzt deshalb hierhin umgezogen ist und keinen Vati mehr hat …

»Oh, doch! Du hast noch einen Vati«, widerspricht der Pfarrer. »Und ich glaube auch, dass er dich lieb hat. Vielleicht kann er es nur im Moment nicht zeigen.«

»Ja, ja«, sagt Caro. »Da muss man wieder warten und warten!« Und dann erzählt sie dem Pfarrer noch von ihrem neuen Freund Benno, der in ihre Klasse geht.

»Bring ihn doch mal mit in die Kirche«, schlägt der Pfarrer vor. »Dann wird es auch gleich viel weniger langweilig für dich hier.«

Nachdenklich nickt Caro. Ja, das kann sie vielleicht machen. Obwohl sie natürlich nicht weiß, ob Benno Lust dazu hätte.

Und Beatrice kommt und setzt sich neben Caro und sagt, dass Caro ihre Freundin ist und dass sie für Caro eine Überraschung zu Weihnachten hat. »Ich bringe sie dir zum Weihnachtsgottesdienst mit«, verspricht sie und knuddelt Caro.

Caro fühlt sich richtig wohl. Erst als sie mit den Großeltern wieder auf dem Heimweg ist, fällt ihr ein, dass Weihnachten dieses Jahr ja so blöd ist. Dass sie ganz ohne Vati feiern werden. Und dass sie, Caro, deshalb weglaufen will...

Zum Glück ruft am Nachmittag Mia an und fragt, ob Caro noch einmal mit ihr Ski laufen will. Und so verbringt Caro einen fröhlichen Nachmittag mit den Klassenkameraden.

»Ich finde es übrigens gut, dass du den Schlitten nicht mehr brauchst«, teilt Sven Caro beiläufig mit. »Wir passen zu fünft darauf.«

Da wird Caro doch neugierig, wie das wohl aussehen mag. Und die Jungen führen es ihr vor: Zwei von ihnen setzen sich hintereinander auf den Schlitten. Jeder von ihnen nimmt einen weiteren auf den Schoß. Und der fünfte stellt sich hinten auf die Kufen. Johlend schieben sie den Schlitten an und fahren den Hang hinunter.

Caro sieht ihnen lachend nach.

»Du bist traurig«, stellt der Engel abends fest.

Caro nickt.

»Kannst du mir erzählen, was los ist?«

Caro schüttelt den Kopf. »Ich glaube nicht.«

Der Engel nickt verständnisvoll. »Aber Gott kann man es erzählen. Gott kann man alles erzählen.«

»Ich weiß.«

»Soll ich dir eine Geschichte erzählen?«

»Ja, bitte.«

»Simon ist mit seinem Vater unterwegs. Lange, lange

schon laufen sie umher. Der Vater spricht mit ihm, und Simon darf auch seinem Vater erzählen.

Aber irgendwann tun ihm einfach die Füße weh. Er hat Durst, er hat Hunger, es reicht ihm.

›Wann sind wir endlich da?‹, fragt er.

›Es dauert noch etwas.‹

›Ich hab Hunger‹, mault Simon. Doch da entdeckt er etwas. ›Papa, guck mal! Da vorne liegt ein rundes Brot! Komm, lass uns das schnell holen!‹

Der Vater braucht eine Weile, um zu verstehen, was der Junge meint. Dann schüttelt er lächelnd den Kopf. ›Nein, mein Junge, das ist kein Brot. Das ist ein Stein. Der wird deinen Hunger nicht stillen.‹

›Bitte, Papa, bitte!‹

Aber der Vater lässt sich nicht erweichen. Er nimmt den Jungen fest an die Hand. Und als sie zu Hause sind, gibt er ihm etwas zu essen.«

»Die Geschichte kenne ich«, erklärt Caro. »Die geht über das Beten.«

Der Engel nickt.

»Soll das heißen, dass man besser gar nicht betet?«

»Nein, bestimmt nicht. Es war gut, dass der Junge seinem Vater von seinem Hunger erzählte. Und es war auch in Ordnung, dass er ihn um das Brot bat. Es ist überhaupt wichtig, mit dem Vater, also mit Gott, im Gespräch zu bleiben. Nur ist es eben manchmal so, dass Gott etwas anderes vorhat, als man es sich so denkt. Und dann muss man es aushalten, dass Gott das Gebet nicht erhört oder später oder anders, als man es sich vorgestellt hat.«

19. Dezember

Die Montage sind recht angenehm in der neuen Schule. Das findet Sven, der ohnehin in fast jeder Pause mit Fußballspielen beschäftigt ist. Als er heute im Unterricht einen weihnachtlichen Satz aufschreiben soll, überlegt er eine Weile und schreibt dann: »An Weihnachten spiele ich Fußball.«

Aber auch Caro mag die Montage. Frau Schreiber hat die Eigenart, die Kinder zuerst einmal von ihrem Wochenende erzählen zu lassen.

Caro erzählt, dass sie Ski gefahren ist und in der Kirche war. Jo erzählt, dass er mit seinem Vater einen Tannenbaum geschlagen hat. Hedwig hat ihre Tante besucht.

Dann wird ein wenig für die kommende Woche geplant. Und danach beginnt schon die große Pause.

Caro stellt sich mittlerweile schon lange nicht mehr einzeln in eine Ecke, wenn sie ihre Dose öffnet.

Nein, Caro steht mitten zwischen ihren Klassenkameraden. Und heute hat sie tatsächlich nicht nur Müsliriegel, sondern auch Weihnachtsplätzchen mitbekommen!

Caro tauscht ein paar Weihnachtsplätzchen gegen eine Mandarine ein, ein paar Müsliriegel gegen ein Stück Brot und eine Scheibe Gurke.

Sogar Mia will inzwischen mit ihr tauschen – Mia, die am Anfang so über Caro gelästert hat! Doch, Caro hat es mit ihrer neuen Klasse gut getroffen!

Und gut gelaunt macht sie sich mit ihren Mitschülern nach dem Gong auf in ihre Klasse.

Dort hat Frau Schreiber ein kleines Tannenbäumchen und eine Krippe aufgestellt.

An die Tafel schreibt sie nun in großen Buchstaben:

»Warum freuen wir uns auf Weihnachten?«

Da geht Caros Laune ganz schnell wieder in den Keller. Wenn nicht noch tiefer.

Sie brütet vor sich hin, während die Lehrerin die Beiträge der Kinder aufschreibt.

»Weil es Geschenke gibt.«

»Weil sich alle vertragen.«

»Weil ich ein Fahrrad bekomme.«

»Weil wir da schulfrei haben.«

»Weil da Jesus geboren ist.« Ja, tatsächlich, auch das sagt ein Kind.

Nur Caro, die sagt nichts.

Das fällt anscheinend auch Frau Schreiber auf. »Und du, Caro, warum freust du dich auf Weihnachten?«, fragt sie freundlich.

Caro sieht auf. »Ich? Ich freue mich gar nicht auf Weihnachten! So ist das! Ich finde Weihnachten scheußlich!«

Betroffen blicken ihre Klassenkameraden einander an. Nur Benno, der weiß Bescheid. Natürlich. Der ist ja auch Caros Freund. Dem hat sie erzählt, was ihr solchen Kummer macht.

Frau Schreiber sieht Caro an. Dann meint sie langsam: »Ja, Caro, das gibt es leider, dass man einen solchen Kummer hat, dass man sich gar nicht auf Weihnachten freuen kann. Und es gibt ja auch Kinder, viele Kinder, die zum Beispiel keine Geschenke bekommen, keine Familienfeier haben. Für die fallen auch viele der Gründe zur Freude weg, die wir jetzt aufgeschrieben haben.

Aber einer davon, der gilt immer. Der gilt für alle Menschen, ganz gleichgültig, ob sie jetzt fröhlich oder traurig sind. Ob sie sich gerade in einer schwierigen Lage befinden oder in einer einfachen. Wisst ihr, welcher das ist?«

Caro nickt. »Dass Jesus geboren ist«, sagt sie leise.

»Genau«, sagt Frau Schreiber. »Der eigentliche Grund, dass wir Weihnachten feiern, ist der, dass Gott zu uns gekommen ist. Als kleines Baby mitten in unsere Welt. Und weißt du was, Caro? Er ist gerade zu den Traurigen gekommen!«

Nach dieser Stunde ist die ganze Klasse besonders nett zu Caro. Mia fragt, ob sie noch mal Ski laufen will. Benno grinst und erklärt, sie solle ihn doch wieder mal besuchen. Hedwig fragt, ob Caro mit ihr Plätzchen backen will.

Doch, in dieser Klasse, da kann sich Caro wahrhaftig fast weihnachtlich fühlen.

Weil es schon wieder geschneit hat, bauen die ganzen Kinder in der Pause zusammen einen Schneemann, dann noch einen.

»Das muss jetzt aber eine Schneefrau werden!«, bestimmt Mia.

Caro nickt. Ja klar. Gerechtigkeit muss sein.

Weil so viele Kinder mithelfen, ist die Schneefrau auch schnell gebaut. Und nun?

»Wir könnten noch ein Schneebaby machen«, schlägt Benno zögernd vor.

Caro nickt. »Dann haben wir eine Krippe.«

Und so macht sich Caros Klasse daran, noch ein Schneebaby in der Krippe zu bauen.

Dann noch ein paar Schneehasen. »Denn einen Ochsen und einen Esel, die bekommen wir nicht hin«, erklärt Witzbold Steffen grinsend.

»Aber einen Engel könnten wir noch gebrauchen«, meint Jo.

»Wir könnten Caro nehmen, weil die immer allen hilft«, schlägt Benno vor.

Caro wird rot. »Oder Mia. Die hat mir das Skifahren beigebracht«, meint sie.

»Oder Hedwig!«

»Ach was! Wir sind alle die Engel! Wir müssen nur noch singen!« Und dann beginnt Steffen, mit Fistelstimme ein ziemlich schräges »Halleluja!« anzustimmen.

»Unsinn! So entsetzlich singen Engel nicht!«, erklärt Caro bestimmt.

»Was denn? Sag doch selber etwas Besseres!«

Caro überlegt. Beatrices Lied fällt ihr ein. Das afrikanische Lied. Sie beginnt: »Lalala, mein Herr Jesus, lalala, mein Herr Jesus. Er kam für mich, lalala, mein Herr Jesus.« Das Lied ist nicht schwer und schon bald singt die ganze Klasse mit. Einige schnipsen mit den Fingern, einige klatschen oder stampfen.

So laut ist die ganze Veranstaltung, dass die Kinder offensichtlich die Schulglocke überhören.

Frau Schreiber betritt den Klassenraum und der ist leer. Verwundert sieht sie sich um. Nein, es ist wirklich kein Kind da. Sie schaut aus dem Fenster. Von dort kann sie den Schulhof sehen. Und auf dem Schulhof steht, wippt und tanzt ihre Klasse und singt.

Frau Schreiber ist schon lange Lehrerin, und sie liebt Kinder. Nein, die hier sehen nicht so aus, als wollten sie ihre Lehrerin ärgern.

Frau Schreiber schnappt sich ihre Digitalkamera und läuft hinaus. Schon am anderen Ende des Hofes kann sie es hören: »Lalala, mein Herr Jesus, lalala, mein Herr Jesus. Er kam für mich, lalala, mein Herr Jesus.«

Frau Schreiber eilt näher, macht ein Foto nach dem anderen. Die Kinder singen lautstark und versprühen eine richtige Freude. Bis plötzlich Jo Frau Schreiber entdeckt und betroffen schweigt. Mia sieht sich um, entdeckt die Lehrerin ebenfalls und verstummt. Nach und nach schweigt die ganze Klasse. Etwas betroffen sehen die Kinder ihre Lehrerin an.

»Was macht ihr denn hier?«, fragt die verwundert.

»Das hier ist unsere Krippe!«, ruft Steffen und weist auf die Schneefiguren. »Und wir sind die Engelein und singen!«

Frau Schreiber lacht. »Dann stellt euch noch mal alle um die Krippe auf!« Und sie macht noch ein Foto.

»So, jetzt kommt ihr aber mal hoch. Wir haben noch Unterricht zu machen. Aber ich werde dafür sorgen, dass ihr das Lied auf der Schulweihnachtsfeier vorsingen dürft!«

Caro lacht immer noch vor sich hin, als sie nach Hause kommt. Und sie muss abends wieder lachen, als sie dem Engel von der Schneekrippe mit dem Engelsgesang erzählt.

Der Engel lacht ebenfalls. »So fröhliche Gottesboten – darüber freut sich Gott bestimmt!«, meint er.

»Erzählst du mir noch etwas?«, bittet Caro.

»Sicher. Über wen möchtest du hören?«

»Über Maria.«

»Von der Verkündigung habe ich dir ja schon erzählt.«

»Aber danach?«

»Nun, danach wusste Maria erst einmal nicht, was jetzt geschehen würde. Eine Zeit lang dachte sie, Josef würde sie nun verstoßen; aber er nahm sie trotzdem zu sich. Da war Maria sehr froh. Sie liebte Josef und mit diesem Mann an ihrer Seite traute sie es sich zu, das Kind aufzuziehen.

Doch schon wieder kam alles anders, als sie es sich gedacht hatte:

Ein kaiserlicher Bote kam nach Nazareth. Der Kaiser wollte wissen, wie viele Menschen in seinem Reich lebten.

Und damit er die Menschen besser sortieren konnte, sollten sie sich nicht irgendwo aufschreiben lassen, sondern jeder in seinem Heimatort – beziehungsweise dem seiner Familie.

Maria war ja jetzt mit Josef verheiratet. Und Josefs Familie kam aus Bethlehem.

Also mussten sie sich auf den Weg machen. Dem Kaiser musste man nun einmal gehorchen, da half alles nichts.

Maria war mittlerweile hochschwanger. Das Kind könnte bald zur Welt kommen. Natürlich hoffte Maria, dass es erst daheim in Nazareth geboren werden würde.

Aber die Anstrengung des Laufens und die ganze Aufregung waren wohl zu viel. Schon als sie in Bethlehem ankamen, hatte sie heftige Wehen. Und dann fanden sie noch nicht einmal eine richtige Unterkunft! Ein mitleidiger Wirt bot ihnen seinen Stall als Übernachtungsmöglichkeit an. Und da kam das Kind dann zur Welt. Ganz anders, als Maria es sich gedacht hatte. Und doch so, wie Gott es schon viele Jahre zuvor beschlossen hatte. Schon beim Propheten Micha steht es: ›Und du, Bethlehem Efrata, die du klein bist unter den Städten in Juda, aus dir soll mir der kommen, der in Israel Herr sei.‹«

An diesem Abend steht Caros und Svens Vati am Küchentisch und liest schon wieder einen Brief. Bennos Brief. Er liest den Brief und schämt sich ein wenig, weil er Caro immer noch nicht geantwortet hat. Aber was soll er jetzt noch tun?

20. Dezember

Heute geht schon wieder alles Mögliche durcheinander! In der Schule singen die Kinder stundenlang Weihnachtslieder. Sven muss Weihnachtswörter abschreiben und ein Weihnachtsbild malen; Caro muss eine Weihnachtsgeschichte schreiben. Dagegen ist ja eigentlich nichts zu sagen – immerhin ist in vier Tagen Heiligabend.

Aber Caro ist nun einmal gar nicht so richtig nach Weihnachten zumute. Ohne Vati wird die ganze Sache nicht richtig fröhlich werden, da ist sie sich ziemlich sicher – zumal Mutti zwar sehr froh über ihre Arbeit zu sein scheint, aber auch schon fröhlicher war. Früher.

Dann erzählen in der Pause die lieben Klassenkameraden auch noch die ganze Zeit, wie toll Weihnachten wird und wie sie sich auf die Ferien freuen.

Dann kommt Caro nach Hause und Oma überreicht ihr mit geheimnisvoller Miene einen Schuhkarton.

Caro sieht hinein und denkt, sie trifft gleich der Schlag: Lauter Weihnachtsschmuck ist darin!

Oma sieht Caro erwartungsvoll an. »Du wolltest doch so gerne dein Zimmer dekorieren!«

Caro presst ein »Danke« hervor und starrt weiter in den Karton. Das hat ihr gerade noch gefehlt!

Nach dem Mittagessen nimmt sie nicht nur den Schulranzen, sondern auch den Karton mit nach oben in ihr Zimmer.

Hausaufgaben oder Karton? Was soll sie sich zuerst angucken?

Caro entscheidet sich für den Karton. Sterne sind darin und Glöckchen, ein paar Kerzen, ein paar gebastelte Kerzenständer, eine Glitzergirlande. Darunter eine Schicht Seidenpapier.

Caro schiebt das Papier beiseite. Sie muss lachen, als sie entdeckt, was sich darunter befindet: hölzerne kleine Ostereier, ein paar Küken und Hasen, eine Art Ostergärtchen mit drei Kreuzen und einer offenen Grabhöhle.

Caro nimmt das Ostergärtchen vorsichtig aus dem Karton und stellt es auf ihren Tisch. Nach einigem Überlegen stellt sie eine der Kerzen dazu. Fertig ist die Zimmerdekoration. Caro ist zufrieden.

Nun kann sie sich an die Hausaufgaben machen.

Danach macht sie es sich mit einem Buch auf ihrem Bett gemütlich. Irgendwann hört Caro Mutti nach Hause kommen. Und kurz darauf öffnet sich ihre Zimmertür. »Hallo, mein …« Mutti verstummt mitten im Satz. Anscheinend hat sie Caros neuen Zimmerschmuck entdeckt.

»Was soll das denn?« Mutti scheint nicht gerade begeistert zu sein. Nein, sie sieht sogar geradezu böse aus.

»Hab ich von Oma bekommen«, erklärt Caro grinsend.

»Wie bitte?« Mutti rauscht aus dem Zimmer.

Betrübt sieht Caro hinter ihr her. Sie hat ihre Mutter nicht ärgern wollen.

Langsam geht sie hinter Mutti her. Die steht gerade in der Küche und spricht auf Oma ein.

Oma schüttelt den Kopf. »Nein, ich habe dem Kind Weihnachtssachen gegeben. Sie hatte sich doch so gewünscht, ihr Zimmer schmücken zu können …«

Jetzt bemerkt Oma Caro anscheinend. »Wie kannst du behaupten, ich hätte dir Osterschmuck gegeben?«

»Er lag unter den Weihnachtssachen«, sagt Caro leise. »Und mir ist eben nicht weihnachtlich zumute.«

»Was soll das heißen? Wir geben uns hier alle Mühe, arbeiten und schuften den ganzen Tag, damit es euch gut geht und ihr schöne Weihnachten habt, und du sagst, dir sei nicht weihnachtlich?« Oma ist richtig empört, das kann Caro sehen.

»Bestimmt ist mir nie wieder im Leben weihnachtlich«, murmelt Caro. Sie spürt, wie ihr die Tränen in die Augen schießen.

Oma schüttelt den Kopf. »Dieses Kind ist einfach undankbar. Und sie erklärt, ihr sei nicht weihnachtlich ...«

Da läuft Caro weinend aus dem Zimmer.

Sie wirft sich auf ihr Bett. Blöder, blöder Advent!

Nach einiger Zeit öffnet sich die Zimmertür ganz leise und schließt sich wieder. Jemand setzt sich neben Caro auf das Bett, streichelt ihr den Rücken, die Haare.

»Caro«, sagt Muttis liebe Stimme. »Ich habe dich so lieb.« Caro schnieft.

»Caro, ich weiß, dass das im Moment alles schwierig ist. Für dich, für Sven. Aber auch für mich. Wir ... ihr vermisst euren Vati. Das ist ja klar. Es ist ja euer Vati. Und ich ...«

»Vermisst du ihn auch?«

Caro dreht sich um und sieht Mutti verwundert an.

Mutti guckt zur Seite. »Weißt du, wenn man jemanden so lieb gehabt hat und so lange mit ihm zusammengelebt hat, dann kann es schon sein, dass man ihn vermisst.«

»Und warum vertragt ihr euch dann nicht wieder?«

»Weißt du, wir haben uns gegenseitig sehr weh getan. Da ist es schwierig zu verzeihen.«

»Jesus aber ...«

»Es gibt Dinge, die kann man nicht verzeihen.« Mutti guckt traurig.

»Mutti! Jesus sagt, dass wir verzeihen sollen!« Caro wird ganz eifrig. »Kennst du die Geschichte von Pit und Bert?«

Caro erzählt Mutti, was ihr der Engel letztens erzählt hat.

Mutti sieht ihre Tochter nachdenklich an. »Vielleicht hast du recht, Caro«, sagt sie und seufzt. »Aber erhoffe dir mal nicht zu viel. Ein bisschen Verzeihen reicht nicht aus, um Geschehenes ungeschehen zu machen.« Und sie nimmt Caro in den Arm. Lange, lange sitzen sie da.

Als Mutti wieder gegangen ist, sieht Caro nachdenklich auf ihren Ostergarten. Gehören Weihnachten und Ostern nicht irgendwie doch zusammen?

»Doch«, sagt der Weihnachtsengel, als habe er Caros Gedanken gelesen. »Doch. Ostern und Weihnachten gehören zusammen. Ohne Weihnachten gäbe es Ostern nicht. Und ohne Ostern hätte Weihnachten keinen Sinn.«

»Ohne Weihnachten wäre Jesus nicht geboren und dann hätte er auch nicht sterben und wieder auferstehen können«, meint Caro. »Aber andersherum? Wie meinst du das?«

Der Engel lächelt. »An Weihnachten feiern wir die Geburt unseres Retters. Und unser Retter wurde Jesus an Ostern.«

Er überlegt. »Früher haben die Menschen das ganz wichtig genommen. Wenn du dir ganz alte Krippendarstellungen ansiehst, dann sieht das Baby oft gar nicht aus wie ein kleines, neugeborenes Kind, sondern eher wie ein kleiner Erwachsener. Und oft hat er die Hände genauso ausgebreitet, wie er später am Kreuz dargestellt wird.«

21. Dezember

Nur noch drei Tage bis Weihnachten! Heute darf Caro direkt nach der Schule mit Benno zu Heidi gehen, darauf freut sie sich.

Nun ist sie mit Benno zusammen unterwegs, stapft mit ihm durch den Schneematsch. »Heidi wollte Milchreis zu Mittag machen, weil du kommst«, berichtet der Junge und leckt sich die Lippen.

Caro freut sich. Milchreis isst sie auch gerne.

»Berti, Pia und Mirke freuen sich auch auf dich«, berichtet Benno. »Sie haben schon beschlossen, den ganzen Nachmittag über mit dir zu spielen.«

»Wir werden auch Hausaufgaben machen müssen«, gibt Caro zu bedenken.

»Ach ja, die Hausaufgaben ...« Benno vergisst oft seine Hausaufgaben, fällt Caro ein.

»Die sind wichtig«, meint sie. »Weil ... weil ... ach, sie sind eben wichtig!«

Benno sieht sie von der Seite an. »Echt? Von mir aus können wir sie machen. Sonst darfst du mich womöglich nie mehr besuchen!«

Bennos kleine Geschwister springen wie eine Horde von kleinen Hunden auf und nieder, als die beiden Kinder ankommen.

»Wie schön, dass du kommst, liebe Caro!«, ruft Heidi und umarmt Caro.

Caro freut sich.

»Ich habe Milchreis gekocht!«, ruft Heidi. »Ihr müsst nur noch den Tisch frei machen!«

Das allerdings sieht nach einer größeren Aktion aus, stellt

Caro fest, denn dort liegen Malsachen, ein paar Flicksocken, schmutziges Geschirr und noch anderes herum.

Aber Benno packt einfach das ganze Zeug und stellt es auf die Anrichte.

»Ich wollte bestimmt heute morgen hier saubermachen«, meint Heidi zerknirscht. »Aber dann hat Pia geschrien und Berti ist so verschnupft, da habe ich sie doch nicht vor die Tür setzen können, sondern mit ihnen gemalt. Und jetzt sieht es eben noch so aus. Aber ganz bestimmt räume ich morgen auf.«

»Wir könnten nach den Hausaufgaben auf die Kinder aufpassen«, schlägt Caro vor. »Dann kannst du die Küche machen.«

»Oh, das wäre wunderbar!«, ruft Heidi.

Aber dann wird erst einmal Milchreis gegessen. Danach dürfen Benno und Caro wieder in Heidis Schlafzimmer. Dort machen sie ihre Hausaufgaben.

Caro arbeitet schnell und geübt. Aufgabe durchlesen, loslegen, fertig.

Benno trödelt herum, und als Caro schon fast fertig ist, sitzt er immer noch an der ersten Aufgabe.

»Was machst du denn die ganze Zeit über?«, fragt Caro ungeduldig.

»Ach, ich habe nur nachgedacht«, meint der Junge.

Nun, es hilft eben nichts, er muss auch noch fertig werden. Und so erklärt ihm Caro erst die Matheaufgaben und macht dann selber noch die Zusatzaufgabe in Sprache.

Und Benno versucht jetzt anscheinend wirklich, sich zu beeilen. Er rechnet seine Aufgaben fertig und schnappt sich dann Caros Heft, um zu vergleichen.

»Weißt du was, Caro?«, meint er plötzlich.

»Was?«

»Ich bin so froh, dass du nach hier gezogen bist. Ich hatte nie einen Freund in der Klasse.«

Ich bin nicht froh, denkt Caro. Wie kann man froh sein über so etwas Entsetzliches, dass sich meine Eltern trennen.

Aber dann denkt sie, dass Benno irgendwie doch recht hat. Sie ist auch froh über ihre neue Klasse, besonders über Benno selber.

Josef fällt ihr ein. Der Josef aus der Bibel, dem es andauernd so schlecht ging, und hinterher wurde durch ihn seine ganze Familie gerettet. Ob es wohl manchmal im Leben so ist, dass aus Unangenehmem noch Gutes kommen kann?

»Fertig!«, ruft Benno und klappt geräuschvoll sein Deutschbuch zu.

Caro lacht und packt ihre Sachen wieder in den Ranzen. »Auf zum Kindersitting!«

Zuerst gehen Caro und Benno mit den Kleinen auf den Hof. Dort bauen sie eine Schneekrippe wie in der Schule, aber nur Maria und das Jesusbaby in der Krippe.

»Das reicht auch«, findet Caro. »Die sind das Wichtigste.«

Dann spielen sie Verstecken, aber als der kleine Berti sich in einem großen Schneehaufen hinter den Mülltonnen versteckt und hinterher durch und durch nass ist, meint Caro, es sie vielleicht doch besser, wieder ins Haus zu gehen.

Sie ziehen Berti trockene Sachen an und verziehen sich dann ins Kinderzimmer, um Heidi nicht zu stören, die einen großen Berg Geschirr weggespült hat und nun die Fenster putzt.

»Und was machen wir jetzt?«, fragt Benno tatendurstig.

»Hm, wir könnten hier auch aufräumen«, meint Caro, um direkt danach abzuwinken. »Das lohnt sich nicht. An

Weihnachten ist ein Kinderzimmer ohnehin wieder durcheinander. Aber was spielen wir?«

»Wir könnten Zirkus spielen«, schlägt Mirke vor.

Caro winkt ab. »Da machen wir ja alles durcheinander. Außerdem ist es nicht weihnachtlich.«

»Aber was ist dann weihnachtlich? Der Weihnachtsmann?«

»Wir spielen die Weihnachtsgeschichte! Ich bin Maria. Du darfst Josef sein. Und die Kleinen sind die Wirte.«

»Und wer macht die Hirten?«

»Das können die Kleinen … nein, das klappt nicht. Wir machen es anders. Berti und Mirke sind Maria und Josef und Pia das Jesuskind. Ich bin der Herold und du die Wirte. Ich bin der Engel und du die Hirten. Ich bin der König Herodes und du die Weisen.«

»O Mann! Da habe ich ja viel zu tun. Ich kenne die Geschichte gar nicht so genau…«

Den ganzen Nachmittag über spielen die Kinder. Caro erklärt ihnen die Weihnachtsgeschichte ganz genau. Zum Abschluss ist das Kinderzimmer doch ein wenig unordentlicher geworden, Heidis Küche glänzt und die Kinder und Heidi sitzen erschöpft am Küchentisch und essen Lebkuchen.

»Das war ganz toll von euch!«, strahlt Heidi.

»Ja, jetzt sieht es hier echt weihnachtlich aus«, meint Caro. »Nur ein Tannenbaum fehlt noch.«

»Ach du Schreck!«, sagt Heidi. »Das weiß ich nicht, ob es dafür noch reicht!«

Mirke, Berti und Pia sehen aus, als würden sie gleich weinen.

»Ein Tannenbaum ist nicht so wichtig«, brummt Benno.

»Wir haben auch keinen«, stellt Caro fest.

»Echt nicht?«

»Echt.«

Da essen die Kleinen halbwegs getröstet weiter ihre Lebkuchen.

Und Caro nimmt sich vor, nicht weiter um einen Tannenbaum zu betteln. Damit sie wirklich keinen Weihnachtsbaum haben und Bennos kleine Geschwister nicht traurig sein müssen.

Aber abends, da fragt sie den Engel: »Wofür ist eigentlich ein Tannenbaum gut?«

»Wofür er gut ist?«, überlegt der Engel. »Nun, für manche Leute verbreitet er einfach eine weihnachtliche Stimmung. Er riecht gut nach Wald und seine grüne Farbe erfreut die Menschen in der Winterzeit, wo es sonst so wenig Grün gibt. Das Grün gilt auch als Farbe der Hoffnung, und das passt ja zu Weihnachten.

Und vieles vom Tannenbaumschmuck, lässt sich auch auf das Weihnachtsfest hin deuten. Sterne, Schafe, Engelsfiguren sprechen für sich selbst. Rosen deuten auf das, was in Jesaja 11,1 steht. Äpfel sollen auf den Sündenfall hinweisen, Kugeln wiederum Äpfel darstellen. Das Licht erinnert daran, dass Jesus das Licht der Welt ist. So kann der geschmückte Weihnachtsbaum für viele Menschen zu einem echten Träger der Weihnachtsbotschaft werden. Aber nötig, nötig ist er natürlich nicht.«

Übrigens geschieht an diesem Abend noch etwas. Bei Hubers klingelt das Telefon. Svens und Caros Vati ist am Apparat. Erst Benno, dann Heidi telefonieren lange mit dem Anrufer. Und als das Gespräch beendet ist, ist Benno ganz aufgeregt. Das kann ja spannend werden an Heiligabend!

22. Dezember

Heute ist der letzte Schultag. Der letzte Schultag vor Weihnachten. Es gibt gar keinen richtigen Unterricht mehr. Frau Schreiber liest eine Geschichte vor und teilt Plätzchen aus, dann werden ein paar Lieder gesungen. Anschließend macht Frau Schreiber mit den Kindern ein Weihnachtsquiz. Da schneidet Caro richtig gut ab – und schließlich gewinnt ihre Gruppe!

Nach der Klassenweihnachtsfeierstunde folgt noch die Schulweihnachtsfeier. Eine Klasse hat ein Krippenspiel einstudiert, ein paar Erstklässler sprechen einen Weihnachtsrap, der Blockflötenchor spielt Weihnachtslieder.

Sven tritt mit den rappenden Erstklässlern auf. Richtig süß ist er, wie er da so ernsthaft steht und seinen Text laut und möglichst deutlich in die Welt ruft!

Caro nimmt sich vor, ihm hinterher zu sagen, wie toll er das gemacht hat …

Caros Klasse singt Beatrices Lied vor. Dafür ernten die Kinder eine Menge Applaus.

Caro selber hat keine weitere Aufgabe. Frau Schreiber leitet den Blockflötenchor, und einige ihrer Klassenkameraden spielen dort mit – aber Caro spielt kein Instrument.

Sie sitzt und klatscht Beifall.

Da kommt plötzlich Frau Schreiber seitlich auf sie zu. »Caro, kommst du mal bitte zu mir?«

Caro quetscht sich durch die Stuhlreihen. Da erzählt ihr Frau Schreiber, dass das Mädchen, welches die Weihnachtsgeschichte vorlesen wollte, krank geworden ist. Und sie fragt, ob Caro für sie einspringen könne.

Caro nickt. Natürlich kann sie das!

Und so kommt Caro doch noch zu ihrem Auftritt. Direkt nach einem Tanz der Weihnachtswichtel (das scheint die andere erste Klasse zu sein) sagt die Schulleiterin Caro an. Und Caro tritt mit der Bibel nach vorne und trägt die Weihnachtsgeschichte vor. Mit Betonung und allem.

Die Leute klatschen ganz toll hinterher. Und als Caro sich verbeugt und wieder aufrichtet, sieht sie doch tatsächlich Oma und Mutti im Publikum sitzen!

Caro freut sich ganz doll, als sie die beiden dort sieht. Sie geht wieder zu ihrer Klasse zurück, aber nach der Feier macht sie sich sofort auf die Suche.

Sven läuft ihr über den Weg. »Sven!«, ruft Caro. »Du warst super! Du warst der Beste!«

Da strahlt der Kleine. »Hast du Mutti gesehen?«

»Ja, vorhin. Komm, wir gehen sie suchen!« Hand in Hand machen sich die Geschwister auf die Suche, doch in dem Gewühle dauert es eine ganze Weile, bis sie Mutti und Oma endlich entdeckt haben.

»Das war aber eine Überraschung!«, sagt Mutti und drückt Caro an sich. »Ich wusste gar nicht, dass du auch etwas vorträgst!«

»Ich auch nicht«, lacht Caro. »Hedwig war krank, und da durfte ich sie vertreten.«

Oma lädt Mutti und die Kinder noch auf den Weihnachtsmarkt ein. Dort fahren sie Karussell und essen gebrannte Mandeln und lauschen der Weihnachtsmarktmusik.

Als Caro sich umsieht, sieht sie Benno an einer Bude stehen und zu ihr hinüber starren.

»Moment mal«, sagt Caro zu Mutti und läuft hinüber. »Magst du von meinen gebrannten Mandeln abhaben?«, fragt sie Benno.

Der grinst. »Wenn du so fragst ...«

Eine Weile knabbern die beiden gemeinsam, dann fragt Benno plötzlich: »Freust du dich eigentlich jetzt doch auf Weihnachten?«

Caro überlegt. »Nicht so richtig. Ich glaube, ich werde Vati ganz unheimlich vermissen. Ich habe sogar schon überlegt, einfach wegzulaufen ...«

Benno sieht sie erschrocken an. »Aber das machst du doch nicht, oder?«

Caro schweigt. Sie hat in letzter Zeit nicht mehr darüber nachgedacht, weil eigentlich alles nicht mehr gar so schrecklich war. Aber das jetzt zu versprechen ...

»Du, das ist das Dümmste, was man machen kann. Hat Heidi gesagt. Weil man dann auf der Straße hockt, mutterseelenallein. Keiner hilft einem. Man versaut sein ganzes Leben.« Beschwörend sieht der Freund Caro an.

Die sieht auf den Boden. Sie wollte ja nicht auf der Straße landen, sondern bei Vati.

»Du, Caro, das kannst du doch nicht machen! Ich dachte, wir beide wären Freunde!«

Caro sieht Benno an. Sie seufzt. »Okay. Ich lasse es.«

»Versprochen?«

»Versprochen. Wenn ich auch nicht weiß, wie das an Heiligabend werden soll ...«

»Du kommst einfach zu uns, hörst du? Du kommst nach dem Gottesdienst zu uns. Was hältst du davon?«

»Mal sehen ...«

Benno will offensichtlich etwas sagen, aber da kommt Sven angelaufen. »Caro, du sollst zurückkommen zu Mutti und Oma. Wir wollen noch einkaufen und dann nach Hause!«

Caro verabschiedet sich von ihrem Klassenkameraden und kehrt zu Mutti und Oma zurück.

Die studieren gerade ganz genau die Auslagen im Honigstand.

Mutti steht da und hält ein Glas Waldhonig in der Hand. Caro beobachtet sie von der Seite. Waldhonig ist Vatis Lieblingshonig.

Mutti steht da und liest die Aufschrift auf dem Glas, seufzt, stellt es zurück, nimmt es schließlich doch wieder und bezahlt.

»Was willst du damit?«, fragt Sven neugierig. »Du magst doch gar keinen Honig, Mutti!«

»Essen«, knurrt Caro und schnappt sich Sven am Ärmel. »Wir beide gehen beim Kerzenzieher gucken!«, ruft sie Mutti zu und zieht Sven davon. »Merkst du nicht, dass Mutti Vati immer noch lieb hat? Sie will es nur nicht zugeben. Deshalb darfst du Trampel nicht so ein Zeug reden, verstehst du? Sonst machst du hinterher alles kaputt!«

Sven sieht Caro mit großen Augen an. Dann nickt er brav. Aber anschließend meint er: »Aber Weihnachten wird scheußlich werden, so ohne Vati.«

»Wenn dir Weihnachten zu scheußlich wird, kannst du nach der Kirche mit mir zu Benno nach Hause gehen«, schlägt Caro vor. »Der hat mich eingeladen. Er hat eine Mutter und drei kleine Geschwister, und Mirke ist fast so alt wie du. Mit der wirst du dich schon verstehen. Sie haben auch einen kleinen Hund. Was hältst du davon?«

Sven nickt. »Vielleicht mache ich das.«

Dann sehen sie eine Weile dem Kerzenzieher zu. Der hat flüssiges Wachs in einem Kessel. Und dann hat er ein Gestänge mit neun ziemlich dünnen Kerzen daran. Das taucht er in das flüssige Wachs und zieht es wieder heraus. Und danach sind die dünnen Kerzen ein bisschen weniger dünn.

Das ist eine ganz schöne Geduldsarbeit! So oft müssen die Kerzen getaucht werden, bis sie endlich dick genug sind!

So ist es manchmal, denkt Caro. Manche Sachen brauchen richtig viel Zeit …

»Na, ihr zwei, ist das interessant?« Das ist Omas Stimme. Sie lacht. »Hier habe ich auch immer zugesehen. Als ich ein Kind war. Und später mit meinen Kindern.«

»Und jetzt mit uns!« Sven kuschelt sich an Oma.

»Genau! Jetzt mit euch! Aber nicht mehr zu lange. Opa hat gekocht und wir wollen ihn doch nicht warten lassen!«

Aber nun müssen sie wirklich nach Hause. Opa soll doch nicht mit dem Essen warten müssen!

Schnell noch die Hände gewaschen, dann setzt sich die ganze Familie an den Tisch. Opa trägt auf. Grünkohl mit Kartoffeln und Rippchen. Vatis Lieblingsessen.

Das weiß Opa vermutlich nicht, aber Mutti weiß es, Caro und Sven natürlich auch.

Mutti starrt auf die große Schüssel, starrt Opa an, springt auf und läuft davon, wobei sie die Küchentür hinter sich zuknallt.

Sprachlos sehen die Großeltern hinter ihr her.

Caro schüttelt den Kopf. »Ihr habt das Mädchen echt nicht gut erzogen …«

Da lachen Oma und Opa. Aber Caro wird auch nachdenklich. Ihre Mutter war ja wirklich auch einmal ein Kind. Und vielleicht auch manchmal bockig? Man kann es sich schlecht vorstellen …

»Wie war Mutti als Kind?«, fragt Caro abends den Weihnachtsengel.

»Oh«, sagt der Weihnachtsengel. »Deine Mutter hatte ja einen älteren Bruder, deinen Onkel Bert. Mit dem hat sie viel zusammen gespielt und darum war sie oft sehr wild. Sie liebte Tiere, vor allem Hunde. Ihre Eltern hatten immer einen Hund, weißt du?

Sie war ein nettes Mädchen. Manchmal wild, manchmal frech, manchmal unordentlich, aber liebevoll und klug. Einen Fehler hatte sie: Sie entschuldigte sich nicht gerne.«

»Echt?« Caro staunt. Von ihnen erwartet Mutti andauernd, dass sie sich entschuldigen.

»Ja. Einmal hatte sie über ein Heft ihres Bruders Kakao gegossen, aus Versehen. Und sie brachte es nicht über sich, sich zu entschuldigen. Die Eltern haben sie ausgeschimpft. Aber sie brachte es nicht über sich. Schließlich hat sie auf einen Zettel ganz groß das Wort ›Entschuldigung‹ geschrieben und auf das Bett ihres Bruders gelegt.«

»Und? Haben sie sich wieder vertragen?«

»Ja, das haben sie.«

23. Dezember

Morgen ist Heiligabend. Mutti muss nur noch den Vormittag über arbeiten. Nachmittags hat ihr der Chef freigegeben. Weil sie Kinder hat. Caro findet das nett von dem Chef.

Und dann beginnt sie am Morgen, mit Oma das Haus weihnachtlich herauszuputzen. Gemeinsam nehmen sie Fußböden auf und legen überall frische Tischdecken auf – gestickte mit Weihnachtsmotiven.

»Boah, Oma! Hast du die alle gemacht?«, staunt Caro.

Oma nickt. »So etwas habe ich als Kind noch gelernt.«

Währenddessen ziehen sich Opa und Sven alte Kleidung an. »Wir gehen einen Tannenbaum holen«, kündigt Opa an.

Caro ist betroffen. Ja, sie hat sich die ganze Zeit über gewünscht, dass es doch einen Weihnachtsbaum gibt. Aber jetzt … jetzt hat sie Bennos kleine Geschwister damit getröstet, dass sie auch keinen haben wird.

»Was ist?«, fragt Opa liebevoll.

»Könnt ihr … könnt ihr den Baum nicht zu Hubers bringen?«, fragt Caro leise.

Opa lächelt. »Nein, den wollen wir selber haben. Aber wir gucken mal, ob wir für deinen Benno nicht auch noch einen finden.«

Opa ist der Beste, da ist sich Caro sicher!

Mittags kommen Opa und Sven mit einem mittelgroßen und einem kleinen Baum an. »Den kleinen bringe ich schnell noch bei Hubers vorbei«, erklärt Opa augenzwinkernd. »Mit schönen Grüßen von Caro.«

Später kommt auch noch Mutti heim. Gemeinsam essen sie zu Mittag und dann gehen Sven und Caro Opa zur Hand beim Aufstellen des Baums.

Mutti telefoniert. Sie steht bleich im Wohnzimmer herum, dann läuft sie wieder zum Telefon, wählt, horcht eine Weile in den Hörer und legt schließlich enttäuscht wieder auf.

Caro beobachtet ihre Mutter verwundert.

Doch es ist Sven, der schließlich fragt: »Mutti, wen versuchst du da eigentlich die ganze Zeit über anzurufen? Den Arzt? Bist du krank?«

Mutti schüttelt den Kopf. Doch dann sagt sie plötzlich leise: »Ich wollte Vati frohe Weihnachten wünschen ...«

Caro sieht Opa an. Opa wirft Oma einen so seltsamen Blick zu. Die zuckt mit den Schultern.

Wenn man doch nur Vati herorganisieren könnte!

Aber das kann man natürlich nicht. Stattdessen ist der Tannenbaum endlich gerade festgeschraubt und kann nun auf das Tischchen gehoben werden, wo er schon immer stand, wie Opa schmunzelnd bemerkt.

»Ich dachte, ihr hattet seit Jahren keinen mehr?«, forscht Sven.

»Na ja, aber davor stand er immer hier«, erklärt Opa.

Dann macht er sich mit den Kindern an das Schmücken.

Strohsterne hängen sie in den Baum, viele, viele Strohsterne, aber auch Engelshaar, Papiersterne und schöne Silberkugeln.

Opa steckt Wachskerzen hinein und Oma holt den großen Karton mit den hölzernen Krippenfiguren.

Die Großeltern besitzen eine große Krippe mit wunderschönen geschnitzten Figuren. Die bauen Sven und Caro jetzt unter dem Tannenbaum auf.

Barney sieht hechelnd zu.

»Was machen wir, wenn Barney an die Krippe geht?«, fragt Caro besorgt.

»Das tut er nicht. Nicht wahr, Barney?«

Opa krault den Hund am Hals und der sieht zu ihm auf, als ob er verstanden hätte, was sein Herrchen sagt.

Als das Haus fertig geschmückt ist, fällt Caro ein, dass sie noch einmal Benno besuchen könnte. Sie möchte doch zu gerne sehen, wie sich seine kleinen Geschwister über den Tannenbaum freuen!

Schnell läuft sie durch das immer noch verschneite Städtchen hinüber zu dem alten Restbauernhof, auf dem Heidi mit ihrer Familie wohnt.

Dort sind tatsächlich die Kinder dabei, den Tannenbaum zu schmücken. Heidi hat irgendwoher eine Lichterkette geholt, die hat sie schon um den Baum gewunden. Und Benno und die Kleinen sitzen da und schneiden Sterne aus, um sie in den Baum zu stecken.

»Caro!«, rufen die Kinder im Chor, als Caro auftaucht. »Guck mal, was der Weihnachtsmann uns gebracht hat.«

Caro lacht. »Der Weihnachtsmann war mein Opa. Aber es war nett von ihm, nicht wahr?«

Und dann hilft sie noch eine Weile lang ausschneiden.

Heidi streichelt Caro über die Wange. »Und – freust du dich langsam doch auf Weihnachten?«

Caro zuckt mit den Schultern. »Ich weiß nicht.«

»Du könntest eigentlich morgen Mittag schon bei uns vorbeikommen – was meinst du? Wir haben eine Überraschung für dich!«

Caro überlegt. Sie kann Sven an dem Tag nicht allein lassen. Nicht an Weihnachten ohne Vati. »Kann mein kleiner Bruder mitkommen?«

»Klar doch! Wo Platz für fünf Kinder ist, ist auch Platz für sechs!«

An diesem Abend geht Mutti bleich und besorgt ins Bett. An diesem Abend packt Vati seinen Koffer, denn er hat morgen früh eine weite Fahrt vor sich. An diesem Abend meint der Weihnachtsengel zu Caro: »Welche Geschichte möchtest du denn heute hören?«

Caro überlegt: »Erzähl mir doch die von Weihnachten!«

Und der Engel erzählt: »In dieser Nacht hielt die Natur den Atem an. Jeder Engel wusste, was heute geschehen würde. Gott, der allmächtige Schöpfer, würde sich aus Liebe zu seinen Menschen als Baby mitten unter sie begeben.

Als Mutter hatte er sich Maria ausgesucht, ein einfaches, aber frommes Mädchen mit einem großen Gottvertrauen; als Vater Josef, Marias verantwortungsvollen Bräutigam.

Viele Jahre vorher schon hatte es Prophezeiungen gegeben, dass der Heiland in Bethlehem geboren werden würde, und tatsächlich führte der Kaiser Augustus jetzt seine Volkszählung durch, die Josef und Maria dazu zwang, den weiten Weg nach Bethlehem zu machen.

Dort war alles voll. Jedes einzelne Gastzimmer belegt. Aber ein Stall war noch frei, und eine mitleidige Seele bot den beiden diesen Stall als Unterkunft an. Dort war es warm und trocken. Und dort brachte Maria ihr Kind zur Welt – das Gotteskind.

Die Ersten, die von dem Kind erfuhren, waren Hirten. Zu ihnen kam der Engel und verkündete ihnen die Geburt des Retters. Und die Hirten machten sich auf den Weg. Mitten in der Nacht kamen sie und beteten das Kind an, als Allererste.«

»Aber die Heiligen Drei Könige?«, fragt Caro.

»Die Könige«, lacht der Engel. »Die waren erstens keine Könige, sondern Gelehrte. Wie viele es waren, steht nirgendwo. Und dann kamen sie auch erst eine Weile später.

Sie hatten in ihrer Heimat einen ungewöhnlichen Stern gesehen und ihn als Zeichen für die Geburt eines mächtigen Königs gedeutet. Sie machten sich mit Geschenken auf den Weg, um dem König zu huldigen. Der Weg führte sie nach Israel, wo König Herodes herrschte. Da meinten die Weisen, sie hätten den Stern nun nicht mehr nötig, und suchten König Herodes im Königspalast auf.

Der fand die Sache mit einem Konkurrenzkönig gar nicht so witzig, ließ aber seine Schriftgelehrten nachforschen und die schickten die Weisen nach Bethlehem.

Auf dem Weg dorthin erblickten sie wahrhaftig den Stern wieder, der sie geführt hatte. Er zeigte ihnen den Weg zu Josef und Maria. Und auch die Weisen beteten das Kind an. Nachts aber wurden sie von einem Engel gewarnt, Herodes wolle das Kind töten – und so zogen sie in eine andere Richtung davon.

Und auch Josef bekam im Traum eine Botschaft von Gott. ›Nimm das Kind und Maria und fliehe nach Ägypten, denn sonst wird das Kind umgebracht.‹ Und Josef tat, wie es ihm gesagt worden war, und rettete dadurch das Jesusbaby.«

Der Engel verstummt.

Caro nickt. »Das wird aber an Weihnachten meistens nicht erzählt.«

»Nein, das scheint so gar nicht zur Weihnachtsstimmung zu passen. Aber es gehört nun einmal auch dazu …«

24. Dezember, Heiligabend

Heiligabend! Heiligabend ist für Caro immer der coolste und gleichzeitig langweiligste Tag im Jahr gewesen.

Morgens haben sie immer zusammen gefrühstückt, dann wurde gemeinsam der Baum geschmückt. Und dann, während Mutti die Geschenke aufbaute, ist Vati mit den Kindern hinausgegangen und hat einen langen Spaziergang gemacht. Manchmal gab es dabei sogar Schnee. Darüber haben sich die Kinder immer besonders gefreut.

In diesem Jahr liegt schon seit Wochen Schnee – zumindest hier. Der Tannenbaum ist seit gestern geschmückt, und Vati befindet sich sonst wo. Mit dem kann man nicht spazieren gehen.

Stattdessen geht Caro mit Sven Schlitten fahren. Das ist auch ganz nett. Irgendwann kommt Mia dazu, bedauert es, dass Caro keine eigenen Skier hat, und saust an ihr vorbei. »Frohe Weihnachten!«, ruft sie.

Als sie durchfroren wieder nach Hause kommen, hockt Mutti ganz bleich und nervös mit dem Telefon herum. »Ich hab ihm doch schon lange verziehen«, murmelt sie vor sich hin.

Caro sieht betroffen auf Mutti, dann auf Sven. Aber der hat wohl gar nicht gehört, was Mutti gesagt hat.

Die Kinder ziehen sich um und dann gibt es Mittagessen. Mutti stürzt wieder ans Telefon.

»Und was habt ihr jetzt vor?«, fragt Opa die Kinder.

»Wir beide gehen Hubers besuchen«, erklärt Caro eifrig.

»Aber rechtzeitig zum Gottesdienst seid ihr zurück, ja?«

»Na klar!«

Sven und Caro machen sich auf den Weg. Hand in Hand

wandern sie durch den Schneematsch. Caro denkt nach. Über diese furchtbar blöde Adventszeit, die trotzdem so viel Gutes gebracht hat. Die neue Schule, einen Freund, einen Hund …

Endlich sind sie bei Heidis Haus angekommen.

Caro und Sven gehen zur Haustür. Die öffnet sich direkt von selbst. »Kommt rein!«, sagt Benno und in seinem Gesicht liegt ein verheißungsvolles Lächeln. Ob er irgendein tolles Geschenk für Caro hat?

Umständlich ziehen sich Caro und Sven die Schuhe und Jacken aus. Dann treten sie in die Küche. Dort steht der Tannenbaum mit seiner Lichterkette. Dort hocken Heidi und Bennos Geschwister. Dort steht ein Mann und breitet seine Arme aus.

»Vati!«, ruft Caro und wirft sich ihm in den Arm.

Eine ganze Weile brauchen die Kinder, um sich zu beruhigen. Über drei Wochen haben sie ihren Vati nicht mehr gesehen! Immer wieder müssen sie ihn umarmen.

»Und? Wie war meine Weihnachtsüberraschung?«, fragt Benno.

Caro sieht ihn an. »Du bist der beste Freund, den ich jemals hatte«, sagt sie.

Vati aber wendet sich an die Geschwister. »Was macht Mutti?«, fragt er und seine Stimme klingt traurig.

Ehe Caro überlegen kann, was sie jetzt am besten sagt, antwortet Sven schon: »Mutti sitzt die ganze Zeit über am Telefon und heult, weil du nicht drangehst.« Und fast schon vorwurfsvoll fügt er hinzu: »Mutti arbeitet hier in der Apotheke. Sie ist total tüchtig!«

Vati sieht die Kinder an. Er guckt ganz komisch. Und dann sagt er: »Ich glaube, ich fahre mal hinüber.«

»Soll ich dir den Weg zeigen?«, bietet Caro an.

»Ach nein. Ich glaube, das Haus meiner Schwiegereltern werde ich noch finden …«

Es ist ein merkwürdiger Heiligabend. Er ist überhaupt nicht langweilig, sondern furchtbar aufregend. Heidi liest den Kindern vor, doch Caro und Sven hampeln nur auf ihren Sitzen herum, weil sie mit ihren Gedanken ganz woanders sind.

Irgendwann kommen Oma und Opa vorbei und Opa lacht und fragt, ob sie hier einen Kaffee bekommen können, bei ihnen zu Hause würden sie nur stören.

Oma stellt eine große Keksdose auf den Tisch.

Heidi lacht und kocht Kaffee, und alle essen Kekse und erzählen durcheinander.

Irgendwann meint Opa, jetzt müssten sie aber in die Kirche und danach ihr Haus wieder in Besitz nehmen. Aber dabei sieht er gar nicht böse aus, sondern er schmunzelt.

Und da kommen doch Heidi und die Kinder alle mit in die Kirche!

Als ganz große Familie ziehen sie dorthin. Und Caro hält einen Platz für Mutti frei.

Und dann kommen tatsächlich Mutti und Vati Hand in Hand in die Kirche, aber erst ganz spät. Und alle rutschen ganz eng zusammen und darum passen Mutti und Vati beide noch dazu.

Ja, dies wird ein ganz merkwürdiger Heiligabend. Caro bekommt von Beatrice eine bunte Perlenkette. Die ganze Familie – mit Vati – kehrt nach dem Gottesdienst in Omas und Opas Haus zurück. Dort essen alle gemeinsam und dann gibt es die Bescherung.

Mutti schenkt Vati einen Topf mit Waldhonig und Vati Mutti ein goldenes Kettchen mit einem Herz. Aber die beiden scheinen ohnehin nicht mitzubekommen, was sie eigentlich tun, denn sie sitzen die ganze Zeit über nur herum und halten sich an den Händen und küssen sich.

Sven kichert ab und zu ausgelassen, wenn er zu ihnen hinüberguckt. Ansonsten sind er und Caro damit beschäftigt, seine Burg aufzubauen. Ab und zu schielt Caro zu ihren Skiern hinüber, ihrem Weihnachtsgeschenk. Morgen wird sie mit Mia Ski laufen. Bestimmt. Und Benno besuchen. Benno bekommt einen alten Computer von Vati, das hat Vati Caro versprochen.

»Was wird jetzt eigentlich?«, fragt Caro plötzlich besorgt. »Ziehen wir jetzt wieder zurück?«

Vati und Mutti sehen sich an. Dann meint Vati. »Ich glaube, es ist für alle besser, wenn wir uns hier eine Wohnung suchen. Hier hat Mutti ihre Arbeit in der Apotheke und ihr die Schule und eure neuen Freunde. Ich kann ja viel von zu Hause aus arbeiten, vielleicht finde ich auch eine neue Arbeitsstelle, die näher hier ist …« Er holt tief Luft. »Gott wird uns schon helfen!«

Ja, Gott wird schon helfen, denkt Caro. Wie er auch bisher geholfen hat. Sie steht auf.

»Hey, wir sind noch nicht fertig!«, ruft Sven empört. »Wir haben erst den Bergfried! Du musst mir noch die Mauern und die Falle bauen!«

Caro lacht. »Mach ich gleich!« Sie läuft in ihr Zimmer hoch. Dort steht der Weihnachtsengel. Vorsichtig nimmt Caro ihn und bringt ihn hinunter ins Weihnachtszimmer. Dort stellt sie ihn neben den Tannenbaum. Und während sie die Mauern von Svens Burg zusammensetzt, ist es ihr, als singe der Engel: »Friede auf Erden …«